KALTE
PLATTEN
&BUFFETS

PETER GROTZ

MIT LUST UND LIEBE

KALTE PLATTEN & BUFFETS

ANRICHTEN UND GARNIEREN

INHALTSVERZEICHNIS

Ein Wort zuvor	5
Man lädt wieder ein	6
Haben Sie ausreichend Tische?	8
Rund ums Geschirr	8
Haben Sie genügend Besteckteile?	9
Tips zum Improvisieren	10
Zu den Getränken die passenden Gläser	11
Das kalte Buffet	12
Vorüberlegungen für die Planung eines kalten Buffets	12
Jetzt geht's zur Sache	13
Das rustikale Buffet	14
Das italienische Buffet	16
Das festliche Buffet	18
Arbeitsplan für ein festliches Buffet für 24 Personen	20
Worauf Sie beim Einkauf und bei der Zubereitung achten sollten	21
Fisch und Meeresfrüchte	21
Fleisch	22
Geflügel	23
Wild	23
Aufschnitt, Wurst und Schinken	23
Obst und Gemüse	24
Kleine Käsekunde	24
Das Handwerkszeug	26
Platten zum Anrichten	27
Vorspeisen	28
Fisch & Meeresfrüchte	58
Fleisch, Wurst, Geflügel & Wild	80
Gemüse & Salate	124
Käse, Brot & Obst	136
Saucen & Aspik	166
Rezeptverzeichnis	176

Peter Grotz ist Küchenchef des Steigenberger Hotels „Frankfurt Airport"

EIN WORT ZUVOR

Kalte Platten sind die hohe Kunst der kalten Küche. Die Arrangements müssen geschmacklich harmonieren und einen so großen optischen Anreiz bieten, daß man schon beim Betrachten des fertig angerichteten Buffets einen Vorgeschmack auf die kommenden kulinarischen Genüsse bekommt.

In diesem Buch habe ich die schönsten Kompositionen für Sie zusammengestellt. Neben Fisch und Meeresfrüchten, Fleisch, Wurst, Geflügel und Wild finden Sie Arrangements mit Gemüse, Käse und Obst. So kommen alle, die es kräftig lieben – und auch Feinschmecker – voll auf ihre Kosten. Im ersten Kapitel finden Sie neben Canapés und Appetithappen auch einige kalte Tellergerichte, die Sie sehr gut vorbereiten und als Vorspeise bei einem Menue servieren können.

In meiner täglichen Arbeit als Küchenchef habe ich die Platten oft angerichtet, dabei immer wieder verfeinert und optisch vollendeter gestaltet.

An dieser Stelle möchte ich dem Steigenberger Hotel „Frankfurt Airport" für die Mitarbeit und Unterstützung bei der Erstellung dieses Buches ganz herzlich danken. Nun jedoch einige kleine Hinweise zu den Rezepten. Die Mengenangaben beziehen sich auf die ungeputzte Rohware, das heißt, daß durchschnittliche Abfälle durch putzen, filetieren usw. bereits eingerechnet sind.

Ein Wort zu den Zeitangaben: Die Zubereitungszeit schließt Vorbereitung und Garen ein. Diese Zusammenfassung ist meines Erachtens sinnvoll, weil Sie in der Zeit, in der das Fleisch brät, oft schon die Garnitur zubereiten können. Da es bei den kalten Platten besonders auf das Anrichten ankommt, habe ich die Zeit dafür gesondert aufgeführt.

Bei der Auswahl und Zubereitung der Platten für Ihr nächstes kaltes Buffet wünsche ich Ihnen viel Spaß und gutes Gelingen.

Ihr
Peter Grotz

MAN LÄDT WIEDER EIN

Man lädt wieder ein, und Anlässe gibt es mehr als genug, ob zum Geburtstag, zur Hochzeit oder einem anderen Familienfest, zu einer Party mit Freunden und Bekannten, einer Wohnungseinweihung oder einem Sommerfest im Garten.
Ein kaltes Buffet oder auch einzelne kalte Platten passen zu jeder Gelegenheit. Je nach Charakter des Festes können Sie das Buffet in rustikalem oder festlichem Stil planen oder das Ganze unter ein bestimmtes Thema oder Motto stellen.
Man reicht bei einem Stehempfang oder einer Cocktailparty Canapés und kleine Appetithappen, zum Skatabend eine deftige, bunt garnierte Wurstplatte, eine Platte mit feinem Bratenaufschnitt zum Abendessen im Familienkreis oder eine Käseplatte und Käsegebäck zum Wein.
Kalte Platten und Buffets verschaffen einen doppelten Genuß: Sie erfreuen nicht nur verwöhnte Gaumen, sondern sind zudem ein wahrer Augenschmaus und Ausdruck kultivierter Gastlichkeit. Auch bei den Gastgebern erfreuen sie sich großer Beliebtheit, denn die herrlichen Kompositionen können gut vorbereitet werden, und Hausfrauen und Hobbyköche haben während der Einladung Zeit für ihre Gäste und müssen nicht hektisch zwischen Küche und Eßzimmer pendeln. Für einen gelungenen Abend ist die Anwesenheit der entspannten Gastgeber mindestens genau so wichtig wie das gute Essen.
Ein Buffet aus mehreren kalten Platten baut man erst auf, wenn sich daran mehr als 8 bis 10 Personen stärken sollen. Das Buffet besteht in der Regel aus Fisch- und Fleischplatten sowie einer Käseauswahl und einem Arrangement aus Früchten oder einem anderen Dessert. Dazu werden Saucen, verschiedene Brotsorten und Butter gereicht. Nach Belieben können Sie das Buffet mit einer Gemüseplatte oder verschiedenen Salaten abrunden. Die Gäste können sich dann nach Lust und Laune selbst mit den kalten Köstlichkeiten bedienen und zwanglos zusammensetzen und unterhalten.
Die Platten im Rezeptteil sind, wenn nicht anders angegeben, für 8 Personen berechnet und bilden, wenn Sie zusätzlich noch Brot dazu reichen, eine vollständige, sättigende Mahlzeit. Stellen Sie ein Buffet aus mehreren Platten zusammen, sollten Sie etwas großzügiger rechnen, damit zum Schluß nicht alles bis auf den letzten Bissen abgeräumt ist.
Passend zum Charakter des Buffets stellt man die Getränkeauswahl zusammen. Zur Begrüßung können Sie Ihren Gästen einen Aperitif anbieten und dazu kleine Appetithappen oder Canapés reichen. So wird die Wartezeit leicht überbrückt, bis alle Gäste eingetroffen sind und das Buffet eröffnet wird.
Alkoholfreie Getränke, wie Säfte und Mineralwasser, dürfen auf keinen Fall fehlen. An Weinen bietet man zu Fisch einen Weißwein, zu Wild und Rind Rotwein und zu allen anderen, helleren Fleischsorten einen Rosé an. Heute wird dies nicht mehr so streng genommen, so daß Sie für passionierte Biertrinker auch ein gepflegtes Pils bereithalten können. Sehr wichtig ist, daß die Getränke richtig temperiert sind, denn ein

zu warmes Bier oder ein zu kalter Rotwein stören den optimalen Genuß. Ein Digestif, beispielsweise ein Cognac, Portwein oder Likör, und ein Kaffee nach dem Essen runden das kulinarische Erlebnis ab.

Bei einer Cocktailparty beschränkt man sich am besten auf einige bekannte Drinks und Cocktails, denn sonst ist nicht nur der Barkeeper schnell überlastet.
Bevor Sie Gäste zu einem kalten Buffet einladen, sollten Sie sich über die folgenden, grundlegenden Dinge Gedanken machen.

Stehtische sind besonders praktisch, wenn man nur wenig Platz hat

Foto oben:
Schlichtes weißes Geschirr paßt sowohl zu einem festlichen als auch zu einem rustikalen Buffet

Foto unten:
Für eine Sommerparty im Freien oder eine Feier zum Umzug kann man auch farbenfrohes Partygeschirr verwenden

Haben Sie ausreichend Tische?

Am Buffettisch sollte reichlich Platz sein, denn so kommen die Platten besser zur Geltung, und Ihre Gäste können sich ohne lange Wartezeiten problemlos selbst bedienen. Neben dem Buffettisch benötigen Sie noch Tische und Stühle, an denen sich die Gäste niederlassen können. Sind Sie räumlich beengt, sind Stehtische eine gute Alternative, denn sie nehmen nur sehr wenig Platz ein. Die Tische oder die Tafel werden mit Besteck, Gläsern und Servietten schon vorher eingedeckt, damit man beim Gang zum Buffet nicht alles in einer Hand balancieren muß.

Es gibt verschiedene Möglichkeiten, den Buffettisch aufzubauen. Dabei orientiert man sich am besten an den Räumlichkeiten. Stellt man den Tisch an einer Wand auf, verliert man in der Regel relativ wenig Platz. Wenn es sich anbietet, können Sie den Tisch auch über Eck oder als Hufeisen aufbauen. Ist man in der glücklichen Lage, daß man reichlich Platz hat, kann man das Buffet auch zentral in die Mitte stellen, so daß die Gäste von allen Seiten Zugang haben. Wie groß der Buffettisch sein sollte, hängt auch davon ab, wieviel Platz Sie zur Verfügung haben und wieviele Gäste Sie erwarten. Es ist immer gut, wenn die kalten Platten großzügig gestellt sind und noch Platz für eine hübsche Buffetdekoration ist. Auf einem kleinen Tisch kann man Raum gewinnen, indem man die Platten auf verschiedenen Ebenen anordnet. Dies erreichen Sie mit Hilfe von Schuhkarton und Sprudelkasten, die Sie unter der Tischdecke verschwinden lassen. Für 6 bis 8 Personen reicht vielleicht schon ein Beistelltisch aus, wenn Sie einige Platten auf den Eßtisch stellen.

Rund ums Geschirr

In der Gastronomie nimmt man auch bei einem kalten Buffet für jeden Gang frische Teller. So kommt der Geschmack der einzelnen Speisen optimal zur Geltung und wird nicht durch Speise- und Saucenreste gestört.

Je nachdem, was Sie auf dem Buffet anbieten wollen, benötigen Sie pro Gast 1 bis 3 große Teller sowie einen kleinen Teller fürs Dessert. Es ist durchaus möglich, verschiedenes Porzellan zu nehmen, wenn die Teller nicht gemischt, sondern stapelweise sortiert am Buffet stehen. Besonders hübsch ist es natürlich, wenn das Geschirr auf den Charakter des Buffets sowie die Tischdecken und die übrige Dekoration abgestimmt ist. Haben Sie ein schlichtes weißes Service, sind Sie auf alle Fälle aus dem Schneider. Denn weiße Porzellanteller passen zu einem festlichen und zu einem rustikalen Buffet. Als Alternative können Sie auch ohne weiteres Einweggeschirr verwenden. Heutzutage gibt es sehr hübsches Partygeschirr aus Plastik oder Pappe zu kaufen. So können Sie den lästigen Abwasch umgehen; Spülen ist aber umweltfreundlicher.

Haben Sie genügend Besteckteile?

Bei einem kalten Buffet braucht man neben ausreichend
Eßbesteck für die Gäste auch Vorlegebesteck für Platten und
Salate. Im Restaurant verwendet man für jeden Gang
frisches Besteck. Im häuslichen Bereich ist es jedoch ausreichend, wenn für jeden Gast Messer und Gabel sowie
Dessertbesteck bereitliegen. Zusätzlich benötigen Sie Vorlegebesteck für Platten und Salate.

- Für Fisch- und Fleischplatten verwendet man als Vorlegebesteck Löffel und Gabel, für einige Platten sollte auch
  ein Messer bereitliegen, damit das Fleisch aufgeschnitten
  werden kann.
- Bei Wurst- und Aufschnittplatten legt man Fleischgabeln
  dazu.
- Salate nimmt man sich mit Löffel und Gabel oder einem
  Salatbesteck.
- Zu den Saucen sollten Sie einen Saucen- oder einen Eßlöffel reichen.
- Für Käseplatten benötigt man in der Regel eine Gabel.
  Wird Käse am Stück angeboten, sollte ein spezielles Käsemesser oder ein Tafelmesser bereitliegen.

Tips zum Improvisieren

Falls Ihnen das ein oder andere an Geschirr, Besteck, Gläsern oder Tischen fehlt, brauchen Sie vor einer Einladung nicht zurückzuschrecken, denn es gibt zahlreiche Möglichkeiten, etwas auszuleihen oder zu improvisieren.

- Am einfachsten ist es, gute Bekannte und Verwandte zu fragen, ob sie mit dem Fehlenden aushelfen können.
- Biertische und einfache Gläser können Sie sicher bei Ihrem Getränkelieferanten ausleihen, bei dem Sie die Getränke für das Fest bestellen. Oft ist es auch möglich, die Getränke in Kommission zu beziehen. Große Firmen bieten als besonderen Service auch den Verleih von Getränkekühlschränken an.
- Vielleicht können Sie auch in Ihrer Stammkneipe oder Ihrem Lieblingsrestaurant Teller, Besteck und Gläser günstig ausleihen.
- Spezialisierte Verleihfirmen bieten vom Partyzelt bis zum Schnapsglas alles an, was man für ein kaltes Buffet braucht. Dort finden Sie sowohl Stehtische als auch Klapptische, die sich einfach auch zu großen Tafeln zusammenstellen lassen. Ganz zu schweigen von einer großen Auswahl an Geschirr, Besteck und Gläsern.
- Falls es Ihnen an Tischen oder an Stellfläche für das Buffet fehlt, gibt es noch einige einfache Möglichkeiten, etwas zu improvisieren. Einen Tapeziertisch können Sie sehr gut zu einem Buffettisch umfunktionieren. Das Gleich gilt auch für eine Tischtennisplatte. Aus 2 Arbeitsböcken, die Sie in jedem Heimwerkermarkt bekommen, und einigen Brettern können Sie einen Tisch selbst bauen. Als Ersatz für die Bretter dient auch eine ausgehängte Tür, an der Sie die Türklinken abmontiert haben. Die unschönen Beine dieser Tische verschwinden schnell unter einer hübschen Tischdecke – und keiner ahnt, was sich darunter verbirgt.

Falls die Biertische schon etwas ramponiert aussehen, überzieht man sie einfach mit Lackfolie

Zu den Getränken die passenden Gläser

Die Gläser werden auf das Getränkeangebot abgestimmt.
In der Regel benötigt man Sekt-, Wein-, Bier- und Wassergläser. Cocktails, Longdrinks und Bowlen sollten in den typischen
Gläsern angeboten werden. Für einen Digestif nach dem
Essen braucht man Cognac-, Südwein- und Likörgläser.
Getränke und Gläser stellt man auf einem separaten Tisch in
einiger Entfernung vom Buffettisch auf.

Für das gebrauchte Geschirr und die benutzten Gläser stellen Sie am besten einen Tisch oder einen Servierwagen
bereit, auf dem die Gäste das Geschirr abstellen können. So
vermeiden Sie, daß sich Geschirr, Besteck und Gläser an verschiedenen Stellen stapeln.
Bei größeren Feiern ist es ratsam, eine Hilfe zu organisieren,
die Geschirr, Besteck und Gläser abräumt
und eventuell für Nachschub sorgt.

DAS KALTE BUFFET

Damit das Fest ein Erfolg wird und Sie als Gastgeber nicht allzusehr strapaziert werden, sollte man rechtzeitig mit der Planung beginnen und sich vor der Einladung einige Gedanken machen.

CHECKLISTE

Vorüberlegungen für die Planung eines kalten Buffets

Zu welchem Anlaß wollen Sie einladen?
Wen wollen Sie einladen?
Wo wird gefeiert?
    In der Wohnung?
    Im Freien?
Welchen Charakter soll die Feier haben?
    Festlich?
    Rustikal?
Wollen Sie das Fest unter ein Thema stellen?
An welchem Tag wollen Sie feiern?

Mit Hilfe dieser Checkliste können Sie sich überlegen, wie die Feier gestaltet werden soll. (Anregungen für verschiedene Buffets finden Sie auch auf den Seiten 14 bis 19.) Bei der Gestaltung der Einladungskarten können Sie Ihrer Fantasie freien Lauf lassen. Besonders originell wirkt es, wenn die Karte schon das Thema oder den Charakter der Feier aufgreift oder widerspiegelt. Verschicken Sie die Einladungen etwa 4 Wochen vor der Feier, haben Sie als Gastgeber ausreichend Zeit, alles gut zu planen, und Ihre Gäste können sich den Termin freihalten.
Mit dem Versenden der Einladungskarten haben Sie den groben Rahmen für die weitere Planung festgelegt; denn neben dem Termin spielt die erwartete Personenzahl eine große Rolle.
Wenn Sie bei einer Verleihfirma etwas ausleihen wollen, sollten Sie, sobald der Termin der Feier feststeht, anfragen, ob Sie das Gewünschte in der ausreichenden Menge bekom-

men können. Das gilt auch, wenn Sie bei Ihrem Getränkelieferanten Biertische ausleihen wollen.

Und nun stellen Sie die kalten Platten für das Buffet zusammen. Am besten blättern Sie einfach den Rezeptteil durch und überlegen, welche Speisen Ihren Gästen gut schmecken würden. Bei diesem Durchgang können Sie auch überschlagen, wie lange Sie für die Vorbereitung benötigen. Dabei sollten Sie auch darauf achten, daß die einzelnen Platten im Stil gut zueinander passen.

Jetzt geht's zur Sache

Stellen Sie beispielsweise ein Buffet für 24 Personen zusammen, wählen Sie 4 Platten mit Fisch, Fleisch oder Käse aus und nehmen 1 Platte mit Früchten oder Desserts dazu. Eine Brotauswahl und Butter dürfen natürlich auch nicht fehlen.

Als nächstes stellen Sie eine ausführliche Einkaufsliste aller Zutaten zusammen. Damit Ihnen am Tag des Festes nicht das Wichtigste fehlt, sollten Sie Fleisch, Fisch, Gemüse und Obst etwa 1 Woche, Brot und Brötchen für die Brotauswahl 3 bis 4 Tage vorher bestellen.

2 Tage vor der Feier beginnen Sie mit der Zubereitung der Speisen. Das Fleisch wird gebraten, der Fisch pochiert, die Terrine zubereitet. Am Tag vor dem Fest werden die Garnituren vorbereitet, die Saucen hergestellt und eventuell Gemüse für Salate geputzt und blanchiert. An diesem Tag sollten Sie auch schon den Buffettisch aufbauen und für die Kühlung der Getränke sorgen. Am Tag der Einladung wird nur noch letzte Hand angelegt. Platten und Salate werden angerichtet, das Brot wird aufgeschnitten und hübsch arrangiert, die Saucen werden in Saucieren gefüllt, und die Festtafel wird gedeckt. Versu- chen Sie, etwa 3 Stunden vor dem Eintreffen der Gäste mit allen Vorbe- reitungen für das Fest fertig zu sein. So können Sie den ersten Gästen ge- lassen ent- gegensehen und sind am Abend ent- spannte und gut gelaun- te Gast- geber.

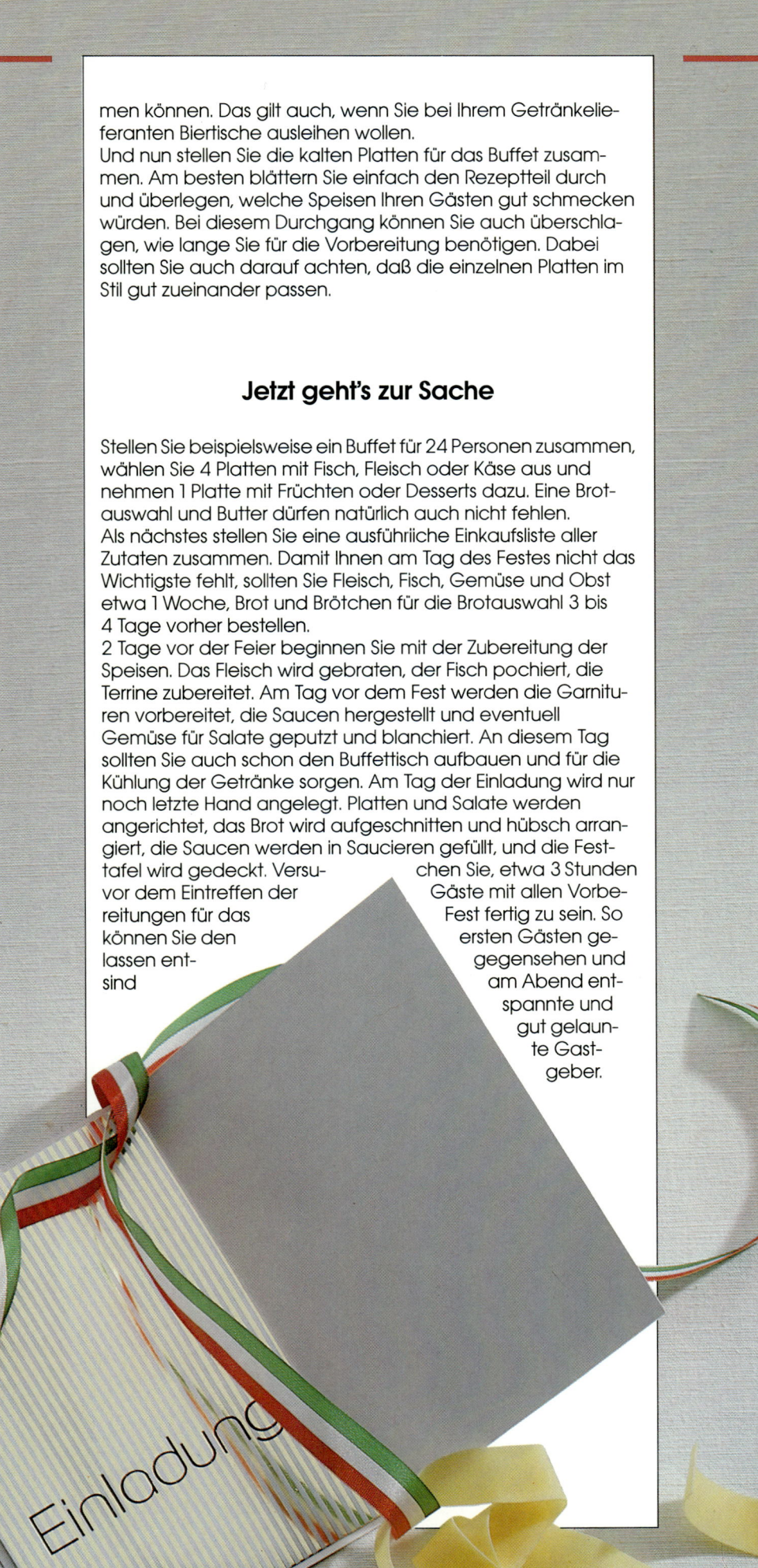

Wenn die Tische nicht schon mit Besteck, Servietten und Gläsern eingedeckt sind, baut man alles auf einem separaten Tisch auf

Bei dieser Dekoration stand die Natur Pate. Ein Weingewächs rankt sich um eine in der Mitte zusammengefaßte Serviette

DAS RUSTIKALE BUFFET

*Die Getränke stehen bereit.
Wichtig: Korkenzieher und
Flaschenöffner nicht vergessen*

DAS ITALIENISCHE BUFFET

Foto oben:
Eine italienische Zeitung und
Servietten in den Landesfarben
geben den Spaghetti einen
guten Stand in dem Glasgefäß

Foto unten:
Der Blickfang des Buffets:
eine originelle Dekoration aus
Spaghetti, Tortellini, italienischer
Flagge, verschiedenen Bändern
und gefärbten Bandnudeln

Foto rechts:
In effektvollen Kringeln ringelt
sich das Band an der Platte
entlang

DAS FESTLICHE BUFFET

Mit einem Spitzendeckchen aus Papier ziehen auch Kleinigkeiten, wie Butter und verschiedene Saucen, interessierte Blicke auf sich

Der Obstkorb wird am Boden etwas ausgepolstert

Die Pyramide für die Gläser können Sie nachbauen, indem Sie runde Schachteln in den verschiedenen Größen aufeinanderkleben

Arbeitsplan
für ein festliches Buffet für 24 Personen

Er werden folgende Platten angeboten:
Edle Räucherfische, Garnelen und Avocados, Sahnemeerrettich
und Senf-Dill-Sauce (siehe Seite 62)
Gefüllter Steinbutt mit Lachsfarce (siehe Seite 72)
Kalbscarré und Kalbsmedaillons mit Gemüseterrine (siehe Seite 110)
Gemüseplatte mit Basilikum-Olivenöl-Vinaigrette (siehe Seite 130)
Französische Käseauswahl mit Radieschen (siehe Seite 144)
Exotische Obstplatte mit Maraschino (siehe Seite 158)
Brotauswahl (siehe Seite 156)

Wenn der Termin der Feier feststeht
Eventuell Tische, Tischdecken, Servietten sowie Gläser, Porzellan und Besteckteile bei speziellen Verleihfirmen ausleihen.

6 Tage vor dem Fest
Steinbutt, Kalbscarré und exotische Früchte vorbestellen.
Die ausgewählten Getränke einkaufen oder bestellen und anliefern lassen.
Den Blumenschmuck oder die Dekoration für den Buffettisch und die Tafel oder Tische der Gäste beim Floristen bestellen. Die Nachbarn informieren oder einladen.

5 Tage vor dem Fest
Die Einladungsliste überprüfen. Wurde jemand vergessen? Hat jemand abgesagt?
Den Buffetaufbau und den Ablauf der Feier durchdenken und planen.

4 Tage vor dem Fest
Eine oder mehrere Speisekarten und eventuell Platzkärtchen erstellen.
Mit der Eiswürfelproduktion für Drinks und Cocktails beginnen.
Brot und Partybrötchen beim Bäcker bestellen.

3 Tage vor dem Fest
Bei den Lieferanten rückfragen, ob die bestellen Produkte auch geliefert werden. Sollte es eine Panne geben, kann man jetzt noch umdisponieren.

2 Tage vor dem Fest
Die vorbestellten Waren abholen und die restlichen Zutaten einkaufen.
Erste Arbeiten zur Vorbereitung der Speisen:
Den Steinbutt auslösen, füllen und pochieren.
Das Kalbscarré und das Kalbsfilet braten.

1 Tag vor dem Fest
Alle für die kalten Platten erforderliche Zutaten vorbereiten:
Die Gemüseterrine sowie alle Saucen zubereiten.
Sämtliche Garnituren für die Platten sowie die Kalbsmedaillons fertigstellen.
Das Gemüse für die Gemüseplatte blanchieren.
Den Steinbutt mit dem Gelee überziehen.
Die Silber- beziehungsweise Cromaganplatten polieren und eventuell zum Schutz mit Aspik ausgießen.
Den Buffettisch und die Tafel oder die Tische für die Gäste aufstellen und die Tischdecken auflegen.
Die Tische mit Besteck, Servietten und Gläsern eindecken. Vorlegebesteck bereitlegen.
Eventuell einen Unterbau für das Blumengesteck organisieren. Entweder einen leeren Karton oder eine Getränkekiste, die in eine Tischdecke eingehüllt wird.

Festtag
Am Morgen als erstes die Getränke kalt stellen, eventuell im Kühlschrank oder in einer Wanne mit Eiswasser.
Das Obst für die Obstplatte vorbereiten und die Platte anrichten. Alle weiteren Platten fertigstellen.
Das bestellte Brot anliefern lassen oder abholen. Die Brotauswahl anrichten und mit einem feuchten Tuch abdecken, damit das Brot nicht austrocknet.
Den Blumenschmuck anliefern lassen und auf den Tischen aufbauen.
Etwa 3 Stunden vor der Feier sollte alles fertig angerichtet sein, so daß Sie sich in Ruhe frisch machen und umziehen können.
Je nach dem geplanten Ablauf der Feier das Buffet vor dem Erscheinen der Gäste oder während des Aperitifs aufbauen.
Schmutzige Teller, Gläser sowie gebrauchtes Besteck während der Feier abräumen.

WORAUF SIE BEIM EINKAUF UND BEI DER ZUBEREITUNG ACHTEN SOLLTEN

Mengenangaben in den Rezepten beziehen sich auf die ungeputzte Rohware. In besonderen Fällen, in denen es für das Rezept erforderlich ist, wird angegeben, wenn die Ware geputzt oder schon vorbereitet verwendet werden soll. Dann sollten Sie sich beispielsweise Fisch oder Fleisch schon filetieren oder auslösen lassen.

Da die Speisen bei einem kalten Buffet 1 bis 2 Tage vor dem Fest vorbereitet werden, ist die Qualität und Frische der Zutaten besonders wichtig. Prüfen Sie deshalb das Angebot und vergleichen Sie. Nicht immer ist die preiswerteste Ware wirklich die günstigste und beste. Am einfachsten ist es, wenn Sie Obst, Gemüse, Fleisch und Fisch in zuverlässigen Fachgeschäften einkaufen. Dort können Sie sich die Ware auch schon vorbereiten lassen, Fisch filetieren, Rehrücken auslösen, Geflügel entbeinen lassen usw. So können Sie schon durch einen gut geplanten Einkauf Zeit bei der Zubereitung der Speisen sparen.

Fisch und Meeresfrüchte

Bei Fischplatten unterscheidet man jene, die überwiegend aus geräuchertem Fisch bestehen, und Arrangements aus gegartem (pochiertem) Fisch.

Für Räucherfischplatten ist der Einkauf relativ unproblematisch. Sie sollten lediglich darauf achten, daß Forellenfilets, Makrelen, Schillerlocken oder Rollmöpse in etwa die gleiche Größe haben, denn dann lassen sie sich harmonischer anrichten. Räucherlachs können Sie eventuell schon fertig aufgeschnitten kaufen, denn die Scheiben gleichmäßig vom Stück zu schneiden ist für Ungeübte etwas schwierig. Der Einkauf von frischem Fisch ist schon etwas komplizierter. Sie sollten besonders darauf achten, daß die Augen der Fische klar und die Kiemen rot sind. Die Haut soll glänzen. Bei Schuppenfischen dürfen sich die Schuppen nur schwer entfernen lassen. Das Fischfleisch muß sich satt und fest anfühlen. Auf leichten Druck sollten keine Druckstellen sichtbar bleiben. Außerdem sollte der Fisch keine äußeren Verletzungen aufweisen.

Gart (pochiert) man beispielsweise Lachs, Zander oder Steinbutt im Fond, gibt man den Fisch in die kalte Flüssigkeit und erhitzt dann bis kurz vor dem Kochen. Dann schaltet man das Gas ab oder zieht den Topf von der Elektroplatte. Der Fisch muß nun im Fond abkühlen. Dadurch bleibt er saftig und gart ganz zart zu Ende, bis der Fond vollständig ausgekühlt ist. In abgekühltem Zustand wird das zarte Fleisch fester und läßt sich besser weiterverarbeiten. Beim Anrichten von Platten mit pochiertem Fisch sollten Sie die einzelnen Scheiben ganz dünn mit Aspik überziehen, damit das zarte feine Fleisch austrocknet. Für die Dekoration und zum Garnieren verwendet man gerne Garnelen sowie andere Krusten- und Schalentiere.

Wichtige Kriterien für die Frische: rote Kiemen und klare Augen

Wenn Sie sich an die Hummerplatte wagen, sollten Sie darauf achten, daß der Topf für den Hummer groß genug ist und daß das Wasser die ganze Zeit sprudelnd kocht. Der Hummer wird kopfüber in das kräftig kochende Wasser gegeben. Der noch lebende Hummer schimmert dunkelblau. Erst beim Kochen färbt er sich und erhält die typische rote Farbe.

Fleisch

Auch für die Fleischplatten ist die erstklassige Qualität der eingekauften Ware besonders wichtig. Vor allem bei Schweinefleisch gibt es sehr große Qualitätsunterschiede.
<u>Schweinefleisch</u> muß rosa sein und sollte mit etwas Fett durchzogen, also leicht marmoriert sein. So bleibt es beim Braten saftig und zart.
<u>Fleischstücke vom Rind</u> sollten eine dunkelrote Farbe aufweisen und gleichmäßig marmoriert sein. Fleischstücke, wie zum Beispiel besonders das Roastbeef, sollten nicht von Sehnen durchzogen sein. Deshalb sollten Sie darauf achten, daß nicht bereits am Anschnitt des Fleischstücks eine quer verlaufende Sehne sichtbar ist. Denn sonst erlebt man beim Aufschneiden des gegarten Fleisches die böse Überraschung, daß jede Scheibe des feinen roten Aufschnitts mit einer dicken Sehne durchzogen ist.
Typisch für <u>Kalbfleisch</u> ist die zartrosa Farbe. Das Fleisch darf nicht zu viel Fett aufweisen; die zerlegten Fleischstücke sollten glänzen. Das <u>Kalbsbries</u>, die Thymusdrüse vom Kalb, ist eine besondere Spezialität. Das Bries muß hellrosa bis weiß sein und sollte eine feste Konsistenz haben. Außerdem darf es keine Blutgerinnsel, kein Fett und keine Sehnen enthalten. Das Kalbsbries wird vor dem Garen gewässert und gründlich gesäubert. Dabei werden alle blutigen und knorpeligen Stellen entfernt. Dadurch bekommt es eine helle, fast weiße Farbe.
Für die Qualität und den Geschmack der Speisen ist es besonders wichtig, daß Sie bei den verschiedenen Fleischarten jeweils den optimalen Garpunkt abpassen. Denn nur so bleibt das Fleisch zart und saftig.
Genau läßt sich der Garzustand des Fleisches mit einem Fleischthermometer feststellen. Bei Roastbeef sollte die Temperatur im Inneren 60 bis 70°C betragen, bei Kalbfleisch und Schweinefleisch 85 bis 90°C. Eine weitere Möglichkeit, den optimalen Garpunkt zu bestimmen, ist die Nadelprobe. Hierbei stechen Sie mit einer Spick- oder Dressiernadel in den Braten und ziehen die Nadel dann über die Lippe. Die Nadel sollte bei Kalb und Schwein heiß sein, beim Roastbeef allerdings nur gut warm. Mit der Nadelprobe können Sie auch den Garzustand von Wild, Geflügel und Fisch sowie Pasteten und Terrinen prüfen. Die Nadel sollte hierbei immer heiß sein.
Das fertig gebratene Fleisch muß vollständig ausgekühlt sein – das dauert, je nach Größe des Fleischstücks, bis zu 6 Stunden – bevor Sie es anschneiden. So bleibt der Saft im Fleisch und tritt nicht aus. Zu früh angeschnittenes Fleisch verliert die Farbe und wirkt dann fahl. Damit die Scheiben beim Aufschneiden eine schöne, gleichmäßige Form haben, bindet man die Fleischstücke bereits vor dem Braten mit Küchengarn in die gewünschte Form.

Tips zum Anrichten

- Silberplatten können Sie zum Schutz vor Zerkratzen und Oxydieren mit einer Schicht aus klarem Aspik ausgießen. Bei Fleischplatten kann der Aspik mit etwas karamelisiertem Zucker gefärbt werden.
- In der Regel sollten Fisch- und Fleischprodukte auf den Platten nicht gemischt werden. Ausnahmen sind bei Canapés und Appetithappen möglich.
- Die Garnituren sollten auf die Speisen der jeweiligen Platte abgestimmt sein. Zum Garnieren bitte grundsätzlich nur Lebensmittel verwenden. Auf Dekorationselemente wie Schleifchen, Bänder, Papierschirmchen oder Fähnchen, die nicht verzehrt werden können, sollte man möglichst zum Verzieren der Speisen verzichten. Als Grundregel gilt: Alles was auf der Platte angerichtet wird, muß eßbar sein.
- Die Platten beim Anrichten nicht überladen. Wichtig ist, daß die Speisen wirken. Immer einen Blickfang auf der Platte andeuten, das kann eine besondere Garnitur, zum Beispiel eine große, gefüllte Gurke, sein. Von dieser aus wird angerichtet. Der Platten- oder Tellerrand sollte immer frei bleiben.
- Sortengleiche Waren und Garnituren gehören zusammen und sollten nicht wahllos auf der Platte verteilt werden.

Geflügel

Geflügel wird häufig tiefgefroren angeboten. Für die Zubereitung der kalten Platten sollten Sie jedoch nur frische Ware verwenden. Das gilt auch für die Auswahl anderer Fleischteile. Wichtig bei der Beurteilung von Geflügel ist der gleichmäßige Fleischansatz beiderseits des Brustbeins und an den Keulen.

Enten schmecken im Alter von 8 bis 10 Monaten mit einem Gewicht zwischen 1,2 und 1,6 kg am besten. Die jungen Tiere erkennt man an den noch weichen Brustknochen.

Poularden sind besonders gemästete Hennen, die ein helles, sehr saftiges und zartes Fleisch liefern. Der Brustkorb der Tiere sollte biegsam und weich sein.

Poularden haben ein besonders zartes Fleisch

Wild

Bei Wild kennen sich oft nur Liebhaber aus. Viele scheuen sich Wildgerichte auszuprobieren, weil es ihnen an Erfahrung fehlt. Doch die im Rezeptteil angebotenen Speisen werden nicht nur Kenner begeistern. Deshalb hier einige wichtige Informationen über die Qualität von Wildfleisch.

Kaninchenfleisch sollte eine hellrosa Farbe haben und sich fest anfühlen. Es darf keine Fettschicht aufweisen. Man darf das Fleisch nicht zu lange braten, sonst wird es trocken.

Hasen liefern je nach Alter und Lebensraum zum Teil sehr unterschiedliche Fleischqualitäten. Besonders wohlschmeckend und zart ist das Fleisch von Tieren im Alter von 4 bis 8 Monaten. Später wird es meist trocken und fest. Beim Braten werden die Rückenfilets mit Speckstreifen gespickt oder bei der Hasenpastete in frischen grünen Speck eingewickelt, damit das Fleisch saftig bleibt.

Fleisch vom Reh ist dunkelrot. Am besten schmecken Tiere im Alter bis zu 3 Jahren. Bei älteren Tieren wird das Fleisch leicht faserig und nimmt einen derben Geschmack an.

Aufschnitt, Wurst und Schinken

Wichtig beim Einkauf von Aufschnitt, Wurst und Schinken ist, daß die Scheiben frisch und nicht zu dünn geschnitten sind. Wenn man etwas dickere Scheiben verwendet, ist die Standfestigkeit der Ware besser und die Platte sieht auch nach längerer Zeit nicht schlaff und müde aus.

Für einige Platten benötigen Sie Lamm-, Wildschwein- und Hirschschinken. Sie sollten beim Metzger vorher nachfragen, ob er diese Schinkenspezialitäten ständig vorrätig hat oder ob er sie Ihnen besorgen kann.

Sollten Sie für eine Bratenplatte die Fleischstücke selbst braten, wählen Sie lieber 2 kleinere Stücke als 1 großes. Denn kleinere Fleischstücke lassen sich leichter verarbeiten und haben eine kürzere Garzeit. Im übrigen kann man kleinere Scheiben auf den Platten besser anrichten als große.

Auf die Vielfalt der bei uns angebotenen Wurst- und Schinkenspezialitäten einzugehen, fehlt hier der Platz. Für ein rustikales Buffet ist es jedoch immer gut, wenn Sie regionale Spezialitäten anbieten. Lassen Sie sich am besten von Ihrem Metzger beraten.

Es gibt viele regionale Wurst- und Schinkenspezialitäten

- Die fertig angerichteten Platten bis zum Verzehr mit Klarsichtfolie bedecken und kühl stellen. Wenn Ihr Kühlschrank zu kalt oder mit Getränken belegt ist, können Sie die Platten in einem ungeheizten Abstellraum oder in der Speisekammer abstellen. Im Winter und im Herbst ist der Balkon der ideale Ort zum Kühlen, solange es nicht friert. Damit die Folie nicht direkt auf den Speisen aufliegt, können Sie an mehreren verdeckten Stellen einige Zahnstocher einstecken, die verhindern, daß beim Ablösen der Folie die Garnitur zerstört wird. Zum Abdecken der Speisen grundsätzlich Klarsichtfolie verwenden. Denn Alufolie kann in Verbindung mit säurehaltigen Lebensmitteln oxydieren.

Bei vielen Platten wird Obst als Garnitur verwendet

Obst und Gemüse

Bei vielen Platten findet Obst und Gemüse als Garnitur Verwendung. Für diesen Zweck sollten Sie möglichst gleich große Früchte verwenden, denn dann kommt die Garnitur besser zur Geltung.

Wichtig beim Einkauf von Obst und Gemüse ist, daß die Früchte keine Druckstellen aufweisen. Das Gemüse muß knackig und frisch sein. Salat darf keine welken Blätter haben. Bei der Auswahl der Blattsalate sollten Sie Sorten mit kräftigen Blättern, wie Lolo rosso, Batavia-, Eisberg-, Frisé- und Endiviensalat, bevorzugen, denn sie bleiben längere Zeit frisch und sehen besser aus als ein zusammengefallener grüner Kopfsalat.

Für die Platten wird das Gemüse in der Regel kurz blanchiert. Das heißt, das geputzte und klein geschnittene Gemüse wird je nach Sorte und Festigkeit wenige Sekunden oder wenige Minuten in kochendem Wasser vorgegart und anschließend mit Eiswasser abgeschreckt, damit die Farbe optimal erhalten bleibt. Auf alle Fälle sollte das Gemüse noch „Biß" haben. Hier gilt, besser etwas zu kurz als zu lang blanchiert.

Bei Obst ist der optimale Reifegrad das Wichtigste. Die Früchte dürfen nicht unreif, aber auch nicht schon überreif oder gar matschig sein. Da viele Obstsorten, wie zum Beispiel Äpfel, Birnen oder auch Bananen, beim Schälen schnell braun werden, sollten Sie diese mit Zitronensaft beträufeln. Äpfel und Birnen können Sie in Zitronenwasser mit etwas Zucker kurz blanchieren.

Kleine Käsekunde

So verschieden wie die Geschmäcker sind auch die Käsesorten. Von fest, pikant bis mild und cremig reicht das Spektrum der angebotenen Sorten. Käse wird im allgemeinen aus Kuhmilch hergestellt, aber auch Schafs- und Ziegenmilch werden für die Käseherstellung verwendet – und es gibt sogar Käsespezialitäten aus Büffelmilch.

Den Fettgehalt im Käse gibt man auf die Trockenmasse bezogen an (zum Beispiel 60% i. Tr.). Da jedoch der Wassergehalt der verschiedenen Sorten nicht in diese Berechnung eingeht, liegt der absolute Fettgehalt immer um einiges niedriger. Einen Überblick über die verschiedenen Käsesorten gibt die folgende Einteilung.

Hartkäse besteht aus einem festen bis sehr festen Käseteig und hat die längste Reifungs- und Lagerzeit hinter sich, bevor er im Handel angeboten wird. Die Lagerzeit kann je nach Sorte mehrere Monate oder Jahre dauern. Je länger die Reifezeit, um so ausgeprägter und kräftiger wird das Aroma, und die Konsistenz wird fester. In die Gruppe der Hartkäse gehören der Emmentaler und der Bergkäse aus Deutschland, der italienische Parmesan und der Provolone, der Cheddar aus England, der Greyerzer oder Gruyere aus der Schweiz sowie der Comté und der Beaufort aus Frankreich.

Schnittkäse sind weicher und saftiger als die Hartkäse, und ihre Lagerzeit ist wesentlich kürzer. Die bekanntesten Vertreter dieser Gruppe sind der Edamer und der Gouda aus Holland. Aus Dänemark kommt der Maribo und der Havarti. Bekannte Schnittkäse aus der Schweiz sind der Appenzeller und der Raclette, eine Käsesorte aus den Walliser Alpen. Tilsiter und Wilstermarsch sind die wichtigsten deutschen Sorten.

Verschiedene Schnittkäse

*Bavaria blue, Roquefort,
Gorgonzola und Stilton*

Bei den halbfesten Schnittkäsen gibt es die meisten Spezialsorten und Variationen. Zu diesen Käsen gehören alle Butterkäse und Edelpilzsorten. Die bekanntesten Butterkäse sind der deutsche Butterkäse, der Weißlacker aus dem Allgäu und der Steinbuscher aus Schleswig-Holstein sowie der italienische Bel Paese. Aus Dänemark stammt der Esrom und aus Frankreich der Port Salut und der Reblochon. Zu den bekanntesten Edelpilzsorten zählen der Bavaria blue aus Deutschland, der französische Bressan und der aus Schafsmilch hergestellte Roquefort. Der Gorgonzola kommt aus Italien, der Dana blue aus Dänemark; der Stilton, ein zylindrischer Blauschimmelkäse mit mild pikantem Geschmack, ist eine englische Spezialität.

Weichkäse sind Käsesorten, die im Unterschied zum Hart- und Schnittkäse einen etwas höheren Wassergehalt aufweisen. Die Gruppe der Weichkäse unterteilt man in Sorten mit weißer Schimmelbildung und Sorten mit Rotschmiere. Die ersten sind im Geschmack mild-aromatisch. Typische Vertreter dieser Weichkäseart sind die verschiedenen deutschen und französischen Camembertsorten sowie der Brie und andere Weichkäsespezialitäten aus Frankreich. Weichkäse mit Rotschmiere haben einen herzhaft-würzigen, kräftigen Geschmack. Bekannte Sorten sind Limburger und Romadur aus Deutschland und der französische Munster.

Frischkäse sind ungereifte Käse mit einem sehr hohen Wassergehalt. Sie kommen praktisch ohne Reifezeit in den Handel und sind zum alsbaldigen Verzehr bestimmt. Die bekanntesten Frischkäse sind Speisequark, Schichtkäse und Rahmfrischkäse sowie der italienische Mozzarella und der Robiola. Der griechische Feta, ein aus Schafsmilch hergestellter Käse, gehört ebenfalls in diese Gruppe.

Verschiedene Camembertsorten

Neben Frischkäse werden viele Frischkäsezubereitungen angeboten, die Mischungen aus Quark, Schichtkäse oder Rahmfrischkäse mit Früchten, Gemüsen oder Kräutern sind.

Sauermilchkäse erhält man, wenn man Sauermilchquark reifen läßt. Diese Art der Käseherstellung ist die älteste der Welt und liefert Sorten mit einem Fettgehalt von weniger als 10% in der Trockenmasse. Sauermilchkäse gibt es mit und ohne Schimmel auf der Oberfläche. Die bekanntesten Sorten sind Korbkäse, Mainzer Handkäse, Harzer Roller und Olmützer Quargel. Sie haben allesamt einen deftigen, pikanten, milchsauren Geschmack und ein kräftiges Aroma.

Neben den aufgeführten Gruppen gibt es noch Schmelzkäse und Kochkäse. Diese Sorten haben jedoch bei der Zusammenstellung von Käsearrangements für kalte Buffets keine Bedeutung.

Hier noch einige Tips für die Aufbewahrung und Lagerung. Käse sollte möglichst getrennt von anderen Lebensmitteln gelagert werden. Die einzelnen Käsesorten wickelt man am besten in Pergamentpapier ein und bewahrt sie in der Gemüseschublade des Kühlschrankes auf. Da Käse sein volles Aroma erst bei Zimmertemperatur entwickelt, sollten Sie den Käse schon etwa 1 Stunde vor dem Verzehr aus dem Kühlschrank nehmen.

DAS HANDWERKSZEUG

Apfelausstecher
Olivenausstecher
Perlausstecher
Kugelausstecher
Spargelschäler
Tourniermesser
Küchenmesser
Buntmesser
Sägemesser
Spicknadel
Dressiernadel
Eierschneider
Eiersechsler
Radieschenschneider
Juliennenreißer
Ziselierer
Ausbeinmesser
Kochmesser
Schlagmesser
Zange
Verschiedene Ausstechförmchen
Palette

PLATTEN ZUM ANRICHTEN

GEBEIZTER FJORDLACHS MIT BLATTSALAT UND SALAT VON GARNELEN

Für 8 Personen:

1000 g weißer Spargel

250 g ausgelöste Garnelen

Salz, Pfeffer

Saft von 1 Zitrone

1 Friséesalat

1 Lollo rosso oder Bataviasalat

Essig, Öl

600 g gebeizter Lachs, geschnitten (siehe Seite 64)

Grüne Sauce (siehe Seite 168)

Zeitangaben:
Zubereitung: 40 Minuten
Anrichten: 30 Minuten

 TIP

Die Vorspeise kann sehr gut im voraus angerichtet werden. Man mariniert den Salat erst bevor serviert wird.

Zubereitung:

1. Den Spargel wie auf Seite 127 beschrieben zubereiten.
2. Die Spargelabschnitte würfeln und unter die Garnelen mischen. Mit Salz, Pfeffer und Zitronensaft marinieren und ziehen lassen.
3. Die Blattsalate putzen, waschen und trocken tupfen.
4. Aus Essig, Öl, Salz und Pfeffer eine Marinade für den Salat herstellen.

Anrichten:

5. Die Salate auf der oberen Tellerhälfte anrichten.
6. Den Spargel auf dem rechten unteren Viertel des Tellers fächerartig mit den Spitzen nach außen anrichten, die Lachsschnitten auf dem linken unteren Viertel.
7. Einen Eßlöffel Sauce zwischen den Spargel und die Lachsscheiben geben. Die restliche Sauce separat reichen.
8. Kurz vor dem Servieren die Salate und die Spargelspitzen mit der Marinade beträufeln.

TATAR VON SALM IN RÄUCHERLACHSHÜLLE MIT KRESSE-SENF-SAUCE

Zubereitung:

1. Lachsfilet mit dem Messer mittelgrob hacken oder durch die mittlere Scheibe eines Fleischwolfs drehen. Mit Zitronensaft, Salz, Pfeffer würzen.
2. Die geschnittenen Räucherlachsscheiben auf einen Bogen leicht eingeöltes Pergamentpapier legen. Das Lachstartar darauf geben und einrollen. Im Kühlschrank kalt stellen.
3. Die Blätter der verschiedenen Salate putzen, waschen und mit Essig, Öl, Salz und Pfeffer marinieren.

Anrichten:

4. Die Blattsalate auf den Tellern anrichten.
5. Die Lachsrolle in 16 schräg geschnittene Scheiben (Tranchen) schneiden und jeweils 2 pro Teller anrichten.
6. Einen Löffel Sauce dazu gießen und mit etwas Brunnenkresse garnieren. Die restliche Sauce separat reichen.

Für 8 Personen:

400 g Salmfilet (Lachs) ohne Gräten

Saft von 2 Zitronen

Salz, Pfeffer

400 g Räucherlachs, geschnitten

verschiedene Salate

Essig, Öl

Kresse-Senf-Sauce (siehe Seite 169)

etwas Brunnenkresse zum Garnieren

Zeitangaben:
Zubereitung: 25 Minuten (ohne Kühlzeit)
Anrichten: 15 Minuten

 TIP

Dazu französisches Stangenweißbrot oder getoastetes Kastenweißbrot servieren. Die Lachsrolle eignet sich in dieser Art auch gut als Garnitur oder Bestandteil einer Fischplatte.

ZANDERTERRINE MIT MARINIERTEN ZUCKERSCHOTEN

Für 8 Personen:

400 g Zanderfilet

6–7 Eiweiß (200 ml)

200 g Sahne

Salz, Pfeffer, Muskat

etwas Noilly Prat oder Weißwein

100 g Lachsfilet

1 Karotte

300 g Zuckerschoten

1 Radicchio

Essig, Öl

Tiroler Sauce (siehe Seite 170)

Zeitangaben:
Am Vortag zubereiten.
Vorheizen des Backofens
auf 150° C
Zubereitung: 75 Minuten
(ohne Auskühlen)
Anrichten: 20 Minuten

 TIP

Wenn Sie die Terrinenform mit etwas warmem Wasser ausspülen, paßt sich die Klarsichtfolie der Form optimal an und verrutscht nicht beim Einfüllen der Farce. Das Muster, das die Terrine im Anschnitt zeigt, können Sie nach Belieben verändern, indem Sie die Karotten- und Lachsstreifen in einer anderen Reihenfolge einschichten.

Zubereitung:

1. Vom Zanderfilet die Haut vom Schwanz zum Kopf hin abziehen, das Filet klein schneiden.
2. Anschließend den Fisch mit dem Pürierstab oder im Mixer pürieren und unter Zugabe von Eiweiß und Sahne weiterverarbeiten, bis eine cremige Masse entsteht. Mit Salz, Pfeffer, Noilly Prat oder Weißwein und etwas geriebenem Muskat würzen.
3. Nun das Lachsfilet längs in etwa 2 Zentimeter dicke Streifen schneiden.
4. Die Karotte waschen, schälen und längs vierteln. Anschließend in Salzwasser knackig blanchieren.
5. Eine Kastenform von etwa 14 Zentimetern Länge mit Klarsichtfolie auslegen. Einen Teil der Zanderfarce einfüllen und abwechselnd die Farce mit Lachs- und Karottenstreifen auffüllen.
6. Die Zanderfarce mit einem Löffel in die Form drücken und die Form etwas aufstoßen, damit eventuelle Luftlöcher vermieden werden.
7. Die Klarsichtfolie oben einschlagen und die gesamte Form mit Klarsichtfolie einwickeln.
8. Die Terrine im Wasserbad im Backofen bei 150° C etwa 30 Minuten ziehen lassen (pochieren).
9. Die Terrine aus dem Wasserbad nehmen und in der Form erkalten lassen. Während des Erkaltens die Terrine mit einem Holzbrettchen abdecken und mit einem Gewicht beschweren, damit sie eine gleichmäßige Form erhält.
10. Für die Garnitur die Zuckerschoten putzen. Die Hälfte roh in feine Streifen schneiden, mit Salz, Pfeffer, Essig und Öl marinieren. Den Rest am Stück lassen und knackig blanchieren.
11. Den Radicchio putzen, waschen und trockentupfen. Anschließend mit Salz, Pfeffer, Essig und Öl marinieren.

Anrichten:

12. Nun die Terrine stürzen, die Folie entfernen und die Zanderterrine in Scheiben schneiden.
13. Die blanchierten Zuckerschoten sternförmig auf den Tellern auslegen und die marinierten Radicchioblätter locker dazwischen legen. In der Mitte jedes Tellers die Tiroler Sauce angießen. Auf den Saucenspiegel eine Scheibe der Terrine legen. Die marinierten Zuckerschoten rund um die Terrine streuen.

Die erste Schicht der Zanderterrine besteht aus Möhrenstreifen

Über das Gemüse kommt eine Schicht Farce

Als Abschluß wird die Farce über das Lachsfilet gegeben

MOSAIK VON LACHS, RÄUCHERAAL UND GEMÜSEN IM LATTICHMANTEL, MIT JOGHURT-KERBEL-SAUCE

Für 8 Personen:

400 g Mangold

100 g Keniabohnen

2 Karotten

180 g Lachsfilet

Salz, Pfeffer

Essig, Öl

Saft von 1 Zitrone

100 g Räucheraalfilet

200 g Räucherlachs, geschnitten

200 g Fischaspik

Friséesalat und Radicchio zum Garnieren

Joghurt-Kerbel-Sauce (siehe Seite 171)

Zeitangaben:
Am Vortag zubereiten
Zubereitung: 60 Minuten
(ohne Auskühlen)
Anrichten: 20 Minuten

TIP

Diese Terrine eignet sich sehr gut als Garnitur zu verschiedenen Fischplatten.

Zubereitung:

1. Mit der Vorbereitung des Gemüses für die Terrine beginnen. Den Mangold putzen. Die einzelnen Blätter gründlich waschen und die dicken Blattrippen entfernen. Die Mangoldblätter kurz in Salzwasser blanchieren und sofort kalt abschrecken, dann trockentupfen.
2. Die Keniabohnen putzen und in Salzwasser blanchieren. Die Karotten waschen, schälen, der Länge nach vierteln und ebenfalls in Salzwasser blanchieren. Die Bohnen und die Karotten trockentupfen.
3. Das Lachsfilet etwas flach klopfen (plattieren), mit Salz, Pfeffer und Zitronensaft würzen. In Klarsichtfolie einrollen und die Folie an den Enden zusammenbinden. Anschließend in Salzwasser bei 80° C etwa 10 Minuten ziehen lassen (pochieren). Das Lachsfilet im Fond erkalten lassen.
4. Das Räucheraalfilet längs dritteln.
5. Nun eine etwa 14 Zentimeter lange Terrinenform zum Einfüllen vorbereiten. Die Form gut kühlen, am besten etwas anfrieren. Dann mit etwas Fischaspik gleichmäßig ausstreichen.
6. Die Terrinenform mit den blanchierten Mangoldblättern auslegen und am Rand etwas überhängen lassen.
7. Die Räucherlachsscheiben kurz durch den fast kalten Fischaspik ziehen und die Form so wie mit dem Mangold auslegen.
8. Lagenweise bis zur Hälfte unter Beigabe von Fischaspik die Karotten, die Bohnen und die Räucheraalstreifen in die Form geben.
9. Das pochierte Lachsfilet aus der Folie nehmen und als mittlere Schicht in die Terrinenform legen.
10. Nun die Form mit einzelnen Lagen von Karotten, Bohnen und Räucheraalstreifen bis zum Rand füllen. Dabei mit dem Fischaspik auffüllen.
11. Zum Schluß mit dem Räucherlachs und den überhängenden Mangoldblättern verschließen. Mit dem restlichen Fischaspik auffüllen. Die Terrine gut durchkühlen lassen.

Anrichten:

12. Nun die Terrine stürzen. Damit sie sich gut aus der Form löst, am Rand der Terrinenform mit einem Messer entlang schneiden. Anschließend die Form kurz unter heißes Wasser halten, stürzen und kurz kalt stellen. Anschließend die Terrine in gleichmäßige Scheiben schneiden. Mit einem elektrischen Messer geht das besonders gut.
13. Den Radicchio und den Friséesalat putzen, waschen und mit Salz, Pfeffer, Öl und Essig marinieren.
14. Den Salat auf der oberen Tellerhälfte anrichten. Die Terrinenscheibe halb auf den Salat legen und zuletzt die Kerbel-Joghurt-Sauce angießen.

Die Räucheraalscheiben werden in die Form gelegt

Auf das pochierte Lachsfilet folgt eine Schicht Gemüse

Die Terrine wird mit den überhängenden Räucherlachsscheiben und dem Mangold abgeschlossen

KNACKIGE BLATTSALATE MIT GEBRATENER ENTENBRUST UND GRÜNEM PFEFFER

Für 8 Personen:

4 EL Himbeeressig

4 EL Öl

Salz, Pfeffer

1 Friséesalat

1 Radicchio

1 Bataviasalat

1 Eichblattsalat

4 Entenbrüste à 200 g

100 ml Bratenfond (Fertigprodukt)

Öl zum Braten

1 TL grüner Pfeffer

Zeitangaben:
Zubereitung: 30 Minuten
Anrichten: 10 Minuten

Zubereitung:

1. Aus Himbeeressig, Öl, Salz und Pfeffer eine Marinade herstellen.
2. Die Blattsalate separat putzen, waschen und abtropfen lassen.
3. An den Seiten einen Teil der Haut von den Entenbrüsten entfernen und in kleine Würfel schneiden.
4. Die Entenbrüste mit Salz und Pfeffer würzen und in der Pfanne in wenig Öl mit der Hautseite zuerst anbraten, auf die Fleischseite drehen und in den Backofen geben. Bei 200° C etwa 10 Minuten braten. Die Hautwürfel dazugeben und kräftig anbraten.
5. Die Entenbrüste und Hautwürfel aus der Pfanne nehmen und unter Alufolie warm halten.
6. Das ausgebratene Fett aus der Pfanne abgießen und den Bratensatz mit etwas Himbeeressig ablöschen. Dann einkochen lassen und mit Bratenfond auffüllen. Den Fond noch etwas weiter einkochen lassen und dann warm stellen.

Anrichten:

7. Die Salate auf die Teller verteilen und mit der Himbeeressigmarinade beträufeln.
8. Die Entenbrüste längs in Streifen schneiden und sternförmig auf den Salaten anrichten. Mit dem Bratensaft beträufeln und anschließend die ausgebackenen Hautwürfel und den grünen Pfeffer darüber streuen. Die Entenbrust sollte lauwarm serviert werden.

Man schneidet einen Teil der Haut von den Entenbrüsten ab

SÜLZE VON KANINCHEN, KAROTTEN, GRÜNEN BOHNEN MIT CHAMPIGNONSALAT

Für 8 Personen:

1 Kaninchen (etwa 1500 g)

1 Zwiebel

80 g Karotten

80 g Sellerie

80 g Lauch

15 Blatt Gelatine

4 Karotten

200 g grüne Bohnen

4 Fleischtomaten

Öl zum Braten

250 g frische Champignons

1 Bataviasalat oder anderer kräftiger Salat

Saft von 1 Zitrone

Salz, Pfeffer

Essig, Öl

Zeitangaben:
Am Vortag zubereiten
Zubereitung:
1 Stunde und 10 Minuten
(ohne Auskühlen)
Anrichten: 10 Minuten

Zubereitung:

1. Das Kaninchen auf den Rücken legen. Die Hinterläufe (Keulen) und die Vorderläufe mit einem scharfen Messer einschneiden und am Gelenk abtrennen.
2. Die Rückenfilets längs des Rückgrates vom Keulenansatz zum Hals auslösen und von der Haut befreien.
3. Die Kaninchenfilets unter dem Rippenknochen, falls vorhanden auch Leber und Nieren, heraustrennen.
4. Die Keulen von Sehnen, Haut und Knochen befreien. Für die Kaninchensülze finden das Keulenfleisch, die Filets und eventuell Leber und Nieren Verwendung. Die Vorderläufe und Bauchlappen können Sie separat zu einem Ragout verarbeiten oder einfrieren.
5. Die Karkasse (das Gerippe), die Keulenknochen und die Fleischabschnitte klein hacken und in Öl scharf anbraten.
6. Die Zwiebel und das Wurzelgemüse schälen, klein schneiden, mitrösten und mit etwa 1,5 Liter Wasser auffüllen.
7. Einmal aufkochen lassen und dann etwa 30 Minuten ziehen lassen.
8. Anschließend durch ein Tuch passieren und den Fond auf 1 Liter reduzieren.
9. Die Gelatine in kaltem Wasser einweichen, ausdrücken und in den noch warmen Fond einrühren. Den Fond eventuell mit Salz nachwürzen.
10. Inzwischen das Gemüse vorbereiten. Die Karotten waschen, schälen, längs vierteln und in Salzwasser knackig blanchieren.
11. Die grünen Bohnen putzen und ebenfalls in Salzwasser blanchieren.
12. Bei den Fleischtomaten den Stielansatz entfernen und die Früchte blanchieren. Die Haut abziehen, die Tomaten vierteln und die Kerne entfernen.
13. Nun das Fleisch weiterverarbeiten. Das Fleisch der Keulen, die Rückenfilets, die Kaninchenfilets, falls vorhanden Leber und Nieren, mit Salz und Pfeffer würzen und in Öl etwa 10 Minuten rosa braten. Gut auskühlen lassen.
14. Eine etwa 14 Zentimeter lange Kastenform mit Klarsichtfolie auslegen. Den Boden mit Kaninchenfond ausgießen und das Gelee etwas fest werden lassen. Dann schichtweise die Karotten und die Bohnen in die Form geben.
15. Nach jeder Schicht mit Kaninchenfond aufgießen und das Gelee jeweils etwas fest werden lassen.
16. Als mittlere Schicht zwischen die Gemüsestreifen das Fleisch, eventuell die Leber und die Nieren legen. Abermals mit Kaninchenfond auffüllen.
17. Nun folgt wieder eine Schicht Karotten und Bohnen. Mit den Tomaten abschließen und abermals mit Kaninchenfond auffüllen.
18. Die Sülze im Kühlschrank gut durchkühlen lassen.

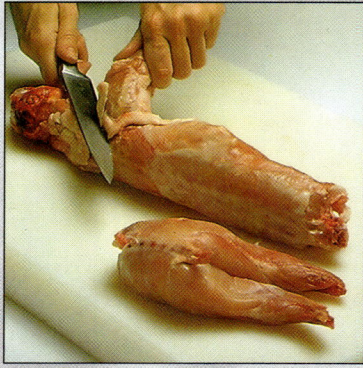

Die Hinter- und die Vorderläufe werden am Gelenk abgetrennt

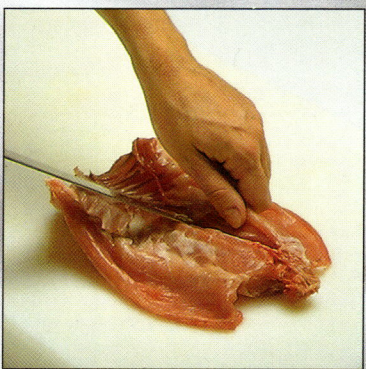

Die Kaninchenfilets auslösen

Das gebratene Fleisch bildet die mittlere Schicht der Kaninchensülze

Als Abschluß werden die Tomaten in die Form gegeben

Anrichten:

19. Die Champignons putzen, waschen und in Scheiben schneiden.
20. Den Salat putzen, waschen und abtropfen lassen.
21. Abwechselnd Salat und Champignonscheiben kreisförmig am Rand der Teller auflegen.
22. Die Sülze stürzen, anschließend mit einem warmen Messer in 8 Scheiben schneiden und in der Mitte der Teller anrichten.
23. Aus Zitronensaft, Salz, Pfeffer, Essig und Öl eine Marinade herstellen und den Salat sowie die Sülze damit beträufeln.

PARMASCHINKEN MIT SÜSS-SAUER EINGELEGTEM GEMÜSE

Für 8 Personen:

1 Karotte

1 Zucchino

8 Stangen junger Lauch

1/2 Blumenkohl

2 Brokkoli (240 g)

1 Paprikaschote

50 g Zucker

100 ml Weinessig

500 g Parmaschinken, geschnitten

verschiedene Blattsalate zum Garnieren

Salz, Pfeffer

Essig, Öl

Zeitangaben:
Gemüse am Vortag zubereiten
Zubereitung: 30 Minuten
Gemüse 1 Tag im Fond ziehen lassen
Anrichten: 10 Minuten

Zubereitung:

1. Die Karotte schälen und mit einem Buntmesser in etwa 5 Millimeter dicke Scheiben schneiden.
2. Den Zucchino waschen und so schälen, daß immer ein Streifen Schale an dem Zucchino bleibt, und wie die Karotte in Scheiben schneiden.
3. Vom jungen Lauch den Strunk entfernen und am Beginn des Grünen abschneiden. Den Lauch gründlich waschen. Dabei die Stangen nicht einschneiden.
4. Den Blumenkohl und die Brokkoli kurz in Salzwasser legen, putzen, in Röschen brechen und waschen.
5. Die Paprikaschote putzen, entkernen und längs achteln. Die Paprikastreifen waschen und anschließend in Rauten schneiden.
6. Den Zucker in einem Topf erhitzen bis er karamelisiert. Mit Weinessig ablöschen und mit etwas Wasser auffüllen, aufkochen lassen.
7. Die Gemüse in folgender Reihenfolge in den Fond legen und jeweils etwa eine halbe Minute kochen lassen: Karotten, Blumenkohl, Paprika, Lauch, Zucchini und Brokkoli.
8. Das Gemüse im Fond erkalten und etwa 24 Stunden ziehen lassen.

Anrichten:

9. Den Parmaschinken längs falten und auf der linken Tellerhälfte halbkreisförmig anrichten. Dabei oben beginnend die Scheiben etwas übereinander legen.
10. Die Blattsalate putzen, waschen, mit Salz, Pfeffer, Essig und Öl marinieren und auf der rechten Tellerhälfte anrichten. Auf den Salaten das süß-sauer eingelegte Gemüse verteilen.

Die Karotte wird erst geschält und dann mit einem Buntmesser in Scheiben geschnitten

Der Zucchino wird so geschält, daß immer ein Streifen Schale sichtbar bleibt

GEMÜSEROYAL MIT SCHNITTLAUCHQUARK UND GERÄUCHERTEM SCHWEINERÜCKEN

Für 8 Personen:

200 g Keniabohnen

2 große Karotten

2 mittelgroße Zucchini

2 Brokkoli (240 g)

1/4 Blumenkohl

4 Eier

100 g Sahne

Salz, Pfeffer, Muskat

300 g Schnittlauchquark
(siehe Seite 171)

250 g geräucherter Schweinerücken oder Lachsschinken,
geschnitten

Zeitangaben:
Am Vortag zubereiten
Zubereitung: 1 Stunde und
40 Minuten (ohne Auskühlen)
Anrichten: 20 Minuten

 TIP

Diese Gemüseterrine kann als
halbe Scheibe auch als Garnitur
für Bratenplatten verwendet
werden.

Zubereitung:

1. Die Keniabohnen putzen, eventuell von Fäden befreien. In Salzwasser knackig blanchieren, sofort kalt abschrecken und trockentupfen.
2. Die Karotten waschen, schälen und je nach Größe der Länge nach vierteln oder sechsteln. Anschließend blanchieren, abschrecken und trockentupfen.
3. Die Zucchini waschen und vierteln.
4. Die Brokkoli und den Blumenkohl in Salzwasser waschen, putzen, in kleine Röschen teilen und anschließend in Salzwasser blanchieren. Dann abschrecken und trockentupfen.
5. Die Eier mit der Sahne verrühren, mit Salz, Pfeffer und Muskat pikant abschmecken.
6. Eine Kastenform mit Klarsichtfolie auslegen. Etwas von der Eimasse einfüllen und lagenweise das Gemüse einsetzen. Mit der restlichen Eimasse auffüllen.
7. Die Kastenform mit Klarsichtfolie einwickeln und im Wasserbad im Backofen bei 120° C ziehen lassen (pochieren). Die Garzeit beträgt etwa 60 Minuten. Die Wassertemperatur mit einem Fleischthermometer überprüfen. Sie sollte 70° C nicht übersteigen.
8. Die Gemüseroyal aus dem Ofen nehmen und in der Form auskühlen lassen.

Anrichten:

9. Nun die Form stürzen, die Folie entfernen und die Gemüseroyal in 8 gleich starke Scheiben schneiden.
10. Je eine Scheibe in der oberen Tellermitte anrichten. Den geräucherten Schweinerücken oder den Lachsschinken zu Rosen formen. Unterhalb der Gemüseroyal jeweils 3 Rosen senkrecht untereinander auflegen. Links und rechts je ein Klößchen Schnittlauchquark anrichten.

CARPACCIO VON GEBEIZTER OCHSENLENDE MIT GRÜNEN SPARGELSPITZEN

Für 8 Personen:

500 g Ochsenlende oder Rinderfilet (Mittelstück)

1 Bund Schnittlauch

1 Bund Petersilie

100 ml Olivenöl

Saft von 2 Zitronen

Salz, schwarzer Pfeffer

1000 g grüner Spargel

1 Chicorée

1 Radicchio

Essig, Öl

Salz, Pfeffer

Zeitangaben:
Zubereitung: 30 Minuten
Anrichten: 15 Minuten
Marinieren: 15 Minuten

 TIP

In der Spargelsaison kann auch weißer Spargel anstelle von grünem Spargel verwendet werden.

Zubereitung:

1. Das Fleisch von Haut- und Sehnenresten befreien und im Tiefkühlfach etwa 15 Minuten anfrieren, damit es besser in dünne Scheiben geschnitten werden kann.
2. Den Schnittlauch und die Petersilie gründlich waschen, fein schneiden beziehungsweise hacken.
3. Das Olivenöl mit dem Zitronensaft verrühren, die Kräuter dazugeben, mit Salz und Pfeffer würzen.
4. Nun den grünen Spargel wie auf Seite 127 beschrieben vorbereiten und garen.
5. Anschließend den Chicorée und den Radicchio putzen, waschen und trockentupfen.
6. Aus Essig, Öl, Salz und Pfeffer eine Marinade herstellen.

Anrichten:

7. Mit einem Pinsel einen Teil der Marinade auf der unteren Tellerhälfte auftragen.
8. Das angefrostete Rinderfilet in hauchdünne Scheiben schneiden und auf der Marinade fächerförmig anrichten.
9. Das Rinderfilet mit der restlichen Marinade bestreichen und mindestens 15 Minuten ziehen lassen.
10. Auf der oberen Tellerhälfte 2 Chicoréeblätter mit der Spitze nach außen parallel anrichten.
11. Den Spargel mit den Spitzen nach außen sternförmig auf das Rinderfilet legen.
12. Den Radicchio zwischen den Chicoréeblättern anrichten. Die Salate und den Spargel mit der Essig-Öl-Marinade beträufeln.

ZUCCHINI-TOMATEN-KUCHEN MIT KRESSEPÜREE

Für 8 Personen:

350 g Blätterteig
(Fertigprodukt)

3 Tomaten

2 Zucchini

2 Eier

120 g Sahne

Salz, Pfeffer

Thymian, Oregano

600 ml Kressepüree
(siehe Seite 172)

Brunnenkresse zum Garnieren

Zeitangaben:
Vorheizen des Backofens auf
200° C
Zubereitung: 35 Minuten
Anrichten: 10 Minuten

Zubereitung:

1. Den Blätterteig auf 5 Millimeter Stärke ausrollen und in eine Springform von 28 Zentimeter Durchmesser legen. Den Blätterteig am Rand hochziehen.
2. Die Tomaten waschen, den Stengelansatz entfernen und die Früchte in Scheiben schneiden.
3. Die Zucchini waschen, putzen und ebenfalls in Scheiben schneiden.
4. Nun abwechselnd immer eine Reihe Zucchini und eine Reihe Tomaten in die Form einlegen.
5. Die Eier und die Sahne verrühren, mit Salz und

Pfeffer würzen und die Masse über das Gemüse geben. Das Ganze mit etwas Thymian und Oregano bestreuen.
6. Den Zucchini-Tomaten-Kuchen bei etwa 200° C auf der mittleren Schiene des Ofens etwa 20 Minuten backen, herausnehmen und erkalten lassen.

Anrichten:

7. Mit dem Kressepüree einen Spiegel auf den Tellern angießen.
8. Den Zucchini-Tomaten-Kuchen in 8 Stücke schneiden.
9. Je 1 Stück pro Teller auf dem Kressepüree anrichten und mit einem Sträußchen Brunnenkresse garnieren.

CANAPÉS

Diese kleinen Häppchen werden als Vorspeise zum Aperitif oder bei einem Stehempfang gereicht. Räucherlachs mit Lachskaviar, Parmaschinken mit grünem Spargel oder Entenbrust mit Orangenfilet und Pistazien, das ist nur eine Auswahl der raffiniert dekorierten Schlemmereien, die für jeden Geschmack das richtige bieten und den Magen auf weitere Köstlichkeiten einstimmen sollen.

Räucherlachs mit Lachskaviar

Zubereitung:

1. Die Radicchioblätter waschen, trockentupfen und auf die vorbereiteten Weißbrotscheiben legen.
2. Die geschnittenen Lachsscheiben als Rosetten darauf legen.
3. Den Sahnemeerrettich aufspritzen.
4. Mit dem Lachskaviar und den Kerbelzweigen garnieren.

Für 6 Canapés:

6 Radicchioblätter

6 gebutterte, rund aus-
gestochene Weißbrotscheiben

6 Scheiben Räucherlachs

3 EL Sahnemeerrettich
(siehe Seite 172)

60 g Lachskaviar

6 Kerbelzweige

Zeitangabe:
Zubereitung: 10 Minuten

Herstellung von Canapés:

Als Unterlage für Canapés verwendet man in den meisten Fällen Weißbrot. Es kann bei einem
herzhaften Belag auch durch
Pumpernickel oder Vollkornbrot
ersetzt werden.
Das Weißbrot wird gebuttert,
zusätzlich kann es mit Salatmayonnaise (siehe Seite 168) bestrichen werden – dadurch werden die Canapés saftiger. Die
Weißbrotscheiben werden nun
zum Beispiel zu Rechtecken
oder Dreiecken geschnitten
oder aber auch rund ausgestochen. Die so vorbereiteten Weißbrotscheiben legt man zur Wei-
terverarbeitung auf ein ange-
feuchtetes Küchentuch, um ein
Austrocknen zu vermeiden.

Parmaschinken mit grünem Spargel

Zubereitung:

1. Bei frischem Spargel die Spitzen etwa 4 Zentimeter lang abschneiden und in Salzwasser 5 bis 7 Minuten kochen. Mit kaltem Wasser abschrecken und trockentupfen.
2. Die Radicchioblätter waschen und auf die Weißbrotschei-ben legen.
3. Darauf den Parmaschinken anrichten. Mit je 2 Spargel-spitzen garnieren.

Für 6 Canapés:

12 Stangen grüner Spargel
(frisch oder aus der Dose)

Radicchioblätter

6 gebutterte, rund aus-
gestochene Weißbrotscheiben

6 Scheiben Parmaschinken
à 15 g

Zeitangabe:
Zubereitung: 15 Minuten

Tatar von Matjes mit Äpfeln

Für 6 Canapés:

1 Apfel

Saft von 1 Zitrone

6 gebutterte, rund ausge-
stochene Vollkornbrotscheiben

150 g Matjesfilet

1 Bund Schnittlauch

Zeitangabe:
Zubereitung: 10 Minuten

Zubereitung:

1. Den Apfel schälen und in sechs 5 Millimeter dicke Scheiben schneiden. Mit Zitronensaft beträufeln und auf die vorbereiteten Weißbrotscheiben legen. Den restlichen Apfel in kleine Würfel schneiden.
2. Die Matjesfilets eventuell wässern, abtupfen und in kleine Würfel schneiden. Die Apfelwürfel dazu geben und mit Zitronensaft abschmecken.
3. Den Matjessalat auf die Apfelscheiben legen.
4. Den Schnittlauch waschen, fein schneiden und die Canapés damit bestreuen.

Garnelen mit Wachteleiern

Für 6 Canapés:

1 Stück Salatgurke

6 gebutterte, rund aus-
gestochene Weißbrotscheiben

120 g Garnelen

Saft von 1 Zitrone

3 EL Joghurt

1 TL gehackter Dill

Salz, Pfeffer

3 Wachteleier aus dem Glas

6 Dillzweige

Zeitangabe:
Zubereitung: 10 Minuten

Zubereitung:

1. Die Salatgurke waschen. Mit einem Juliennereißer so schälen, daß immer ein Streifen Schale an der Gurke bleibt. Die benötigten Gurkenscheiben abschneiden und auf die Weißbrotscheiben legen.
2. Die Garnelen mit dem Zitronensaft marinieren und auf die vorbereiteten Brotscheiben verteilen.
3. Den Joghurt mit dem Dill verrühren und mit Salz und Pfeffer abschmecken. Die Garnelen mit dem Dilljoghurt überziehen (nappieren).
4. Mit den halbierten Wachteleiern und den Dillzweigen garnieren.

Roastbeef mit Maiskölbchen und Gürkchen

Für 6 Canapés:

6 gebutterte, rund aus-
gestochene Weißbrotscheiben

etwas Friséesalat

6 Scheiben rosa gebratenes
Roastbeef

6 kleine Gewürzgurken

3 Maiskölbchen

Zeitangabe:
Zubereitung: 5 Minuten

Zubereitung:

1. Die vorbereiteten Brotscheiben mit Friséesalat belegen.
2. Die Roastbeefscheiben darauf legen.
3. Mit einem spitzen Messer die Gewürzgurken zu dreiviertel mehrmals einschneiden und fächerförmig auseinander drücken. Die Maiskölbchen längs halbieren.
4. Die Canapés mit den Gurkenfächern und den Maiskölbchen garnieren.

Entenbrust mit Orangenfilet und Pistazien

Für 6 Canapés:

1 ausgelöste Entenbrust (250 g)

Salz und Pfeffer

1 EL Öl

6 gebutterte, rund aus-
gestochene Weißbrotscheiben

etwas Friséesalat

1 Orange

1 TL gehackte Pistazien

Zeitangabe:
Vorheizen des Backofens auf
200° C
Zubereitung: 25 Minuten

Zubereitung:

1. Die Entenbrust von Fett und Sehnen säubern (parieren), mit Salz und Pfeffer würzen, in Öl anbraten und unter mehrmaligem Wenden im Backofen bei 200° C 8 bis 10 Minuten braten.
2. Inzwischen die vorbereiteten Brotscheiben mit dem Friséesalat auslegen.
3. Die Orange schälen und filetieren.
4. Die ausgekühlte Entenbrust in 12 Scheiben (Tranchen) schneiden, je 2 Tranchen auf die Weißbrotscheiben legen.
5. Mit den Orangenfilets ausgarnieren und mit den gehackten Pistazien bestreuen.

Tomaten mit Schnittlauchquark

Für 6 Canapés:

3 kleine Tomaten

150 g Quark

3 EL Milch oder Sahne

Salz und Pfeffer

1 Bund Schnittlauch

6 gefüllte Oliven

Zahnstocher oder Partysticker

6 gebutterte, rund aus-
gestochene Weißbrotscheiben

Zeitangabe:
Zubereitung: 15 Minuten

Zubereitung:

1. Die Tomaten waschen, den Stielansatz entfernen, 5 bis
   8 Sekunden in kochendem Wasser blanchieren und sofort
   kalt abschrecken. Die Haut abziehen und die Tomaten
   quer halbieren. Die Kerne entfernen und die Tomatenhälften auf die gleiche Höhe zuschneiden.
2. Den Quark mit Sahne oder Milch glatt rühren und mit Salz
   und Pfeffer würzen.
3. Den Schnittlauch waschen, fein schneiden und dazugeben. Den Quark in die Tomatenhälften füllen.
4. Die Oliven aufspießen. Die Tomaten auf die Brotscheiben
   setzen und mit den Olivenspießen befestigen.

Angemachter Camembert mit Trauben

Für 6 Canapés:

100 g Camembert

50 g Butter

1 TL Paprika

Salz, Pfeffer

einige Radicchioblätter

6 gebutterte, rund aus-
gestochene Weißbrotscheiben

einige Trauben

6 Cracker

Zeitangabe:
Zubereitung: 15 Minuten

Zubereitung:

1. Den Camembert mit der Butter vermengen und glatt rühren. Mit Paprika, Salz und Pfeffer würzen.
2. Den angemachten Camembert mit einem Spritzbeutel
   auf die mit Radicchio belegten Brotscheiben spritzen.
3. Mit den Trauben und den Crackern garnieren.

APPETITHAPPEN
ZUM COCKTAILEMPFANG

Lachsmedaillons mit Garnelen und gefüllten Oliven

Für 6 Personen:

200 g Lachsfilet

Saft von 1 Zitrone

Salz, Pfeffer

1 hart gekochtes Ei

20 g Butter

1 TL Senf

6 ausgelöste Garnelen

6 gefüllte Oliven

Zeitangabe:
Zubereitung: 35 Minuten
(ohne Auskühlen)

Zubereitung:

1. Das Lachsfilet leicht klopfen (plattieren), mit Zitronensaft, Salz und Pfeffer marinieren.
2. Den Lachs in Klarsichtfolie einrollen und die Folie an den Enden zubinden. Das eingerollte Lachsfilet im Wasserbad bei 70° C etwa 15 Minuten ziehen lassen.
3. Das Lachsfilet im Wasserbad erkalten lassen.
4. Das Ei schälen und das Eigelb durch ein Haarsieb drücken. Mit Butter und Senf glatt rühren und mit Salz und Pfeffer würzen.
5. Das Lachsfilet aus der Folie wickeln, trockentupfen und anschließend mit einem scharfen Messer in 6 gleichgroße Medaillons schneiden.
6. Die Eimasse mit einem Spritzbeutel aufspritzen. Darauf die Garnelen setzen.
7. Die Oliven halbieren und die Medaillons damit garnieren.

Blätterteigpastetchen mit Roquefortcreme

Für 6 Personen:

80 g Roquefort

60 g Butter

2 Radieschen

6 kleine Blätterteigpastetchen

Zeitangabe:
Zubereitung: 20 Minuten

Zubereitung:

1. Den Roquefortkäse und die Butter durch ein Haarsieb drücken und mit einem Schneebesen glatt rühren.
2. Die Radieschen waschen und die Enden abschneiden. Die Radieschen halbieren und in 12 Scheiben schneiden.
3. Die Roquefortcreme mit einem Spritzbeutel mit Sterntülle in die Pastetchen füllen und mit je 2 Radieschenscheiben garnieren.

 TIP

Die kleinen Blätterteigpastetchen können Sie in Feinkostläden fertig kaufen.

Schweinefilet mit Lebermus und Nüssen

Für 6 Personen:

200 g Schweinefilet

Salz, Pfeffer

2 EL Öl

50 g Kalbsleberwurst

40 g Butter

10 ml Portwein

6 Walnußkerne

6 Mandarinen- oder Orangenfilets

Zeitangaben:
Vorheizen des Backofens auf 180° C
Zubereitung: 25 Minuten
(ohne Auskühlen)

Zubereitung:

1. Das Schweinefilet mit Salz und Pfeffer würzen und mit Küchengarn binden.
2. Das Öl in einer Pfanne erhitzen und das Filet rund herum anbraten. Im vorgeheizten Backofen bei 180° C unter mehrmaligem Drehen in etwa 8 Minuten rosa braten. Den optimalen Garpunkt prüfen Sie durch die Druckprobe. Dabei drücken Sie mit dem Daumen leicht auf das Filet. Gibt das Fleisch bei Druck leicht nach, ist es gut.
3. Das Filet sofort aus der Pfanne nehmen und vollständig erkalten lassen.
4. Die Kalbsleberwurst und die Butter durch ein Haarsieb drücken, glatt rühren und mit Portwein abschmecken.
5. Das Schweinefilet in 6 gleich große Medaillons schneiden.
6. Das Lebermus aufspritzen, mit den Walnußkernen und Mandarinen- oder Orangenfilets garnieren.

Lachstatar auf Pumpernickel mit Wachtelei und Kerbel

Für 6 Personen:

200 g Lachsfilet

Saft von 1 Zitrone

Salz, Pfeffer

6 Scheiben Salatgurke

6 kleine runde Scheiben Pumpernickel

3 Wachteleier aus dem Glas

1 Kerbelzweig

Zeitangabe:
Zubereitung: 20 Minuten

Zubereitung:

1. Das Lachsfilet fein hacken. Mit Zitronensaft, Salz und Pfeffer würzen.
2. Die Gurkenscheiben auf die gleiche Größe der Pumpernickelscheiben zuschneiden und darauf legen.
3. Das Lachstatar mit einem Löffel zu 6 gleich großen Klößchen formen und auf die Gurkenscheiben legen.
4. Die Wachteleier längs halbieren und mit der Schnittfläche nach unten leicht in die Klößchen drücken.
5. Die Wachteleier mit Kerbelblättchen garnieren.

Crustaden mit Kirschtomaten und Felchenkaviar

Für 6 Personen:

6 Kirschtomaten

60 g Felchenkaviar

40 g Crème fraîche

Salz, Pfeffer

etwas Friséesalat

6 Crustaden (Fertigprodukt)

Zeitangabe:
Zubereitung: 13 Minuten

 TIP

Die kleinen Crustaden können Sie im Feinkostgeschäft kaufen.

Zubereitung:

1. Die Kirschtomaten waschen, den Stielansatz entfernen und in dreiviertel Höhe einen Deckel abschneiden.
2. Mit einem Teelöffelstil die Kerne und das Fruchtfleisch entfernen.
3. Den Kaviar mit der Crème fraîche verrühren und mit Salz und Pfeffer würzen.
4. Die Creme in die Kirschtomaten füllen.
5. Den Friséesalat putzen, gut waschen und trockentupfen.
6. Die Salatblätter in kleine Stücke zupfen, in die Crustaden legen und darauf die gefüllten Kirschtomaten anrichten.

Gefüllter Champignonkopf mit grünem Spargel und Trüffel

Für 6 Personen:

6 grüne Spargelspitzen

6 große Champignonköpfe

Saft von 1 Zitrone

50 g feine Kalbsleberwurst

40 g Butter

10 ml Portwein

1 kleine Trüffel

Zeitangabe:
Zubereitung: 30 Minuten

Zubereitung:

1. Die Spargelspitzen in der Mitte halbieren und in Salzwasser blanchieren.
2. Aus den Champignonköpfen die Stiele herausbrechen, die Champignons waschen und in Zitronenwasser kurz blanchieren.
3. Spargel und Champignonköpfe trockentupfen.
4. Die Kalbsleberwurst mit der Butter glatt rühren und mit Portwein abschmecken.
5. Die Champignonköpfe mit der Öffnung nach oben auf die Arbeitsplatte legen. Die Spargelspitzen in der Mitte leicht schräg halbieren und mit der Spitze nach außen in den Champignonkopf legen.
6. Das Lebermousse mit einer Sterntülle aufspritzen.
7. Die Trüffel in 6 Scheiben schneiden und mit einem kleinen ovalen Ausstecher jeweils 2 Stückchen ausstechen.
8. Jeden Champignonkopf mit 2 Stückchen garnieren.

Roastbeefröllchen mit Tomaten und Eiern

Für 6 Personen:

1 Tomate

1 hart gekochtes Ei

3 Gewürzgurken

6 Scheiben rosa gebratenes Roastbeef

Zeitangabe:
Zubereitung: 10 Minuten

Zubereitung:

1. Die Tomate in kochendem Wasser etwa 3 Sekunden blanchieren, kalt abschrecken und die Haut abziehen. Die Tomate halbieren, die Kerne entfernen und die beiden Hälften jeweils dritteln.
2. Das gekochte Ei schälen und sechsteln. Anschließend die Gewürzgurken längs halbieren.
3. Die Roastbeefscheiben einzeln auslegen. Pro Scheibe eine Tomatenecke, eine Eiecke und eine halbe Gewürzgurke auflegen. Die Roastbeefscheiben über die kurze Seite fest einrollen.
4. Die Enden gerade schneiden. Die Röllchen in der Mitte zwei Drittel tief einschneiden und die Enden nach unten klappen; mit der Schnittstelle nach oben anrichten.

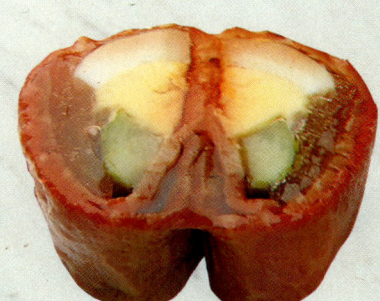

Artischockenböden mit Gemüse

Für 6 Personen:

1 Karotte

1 weißes Rübchen

120 g Brokkoli

2 EL Essig

1 EL Öl

Salz, Pfeffer

etwas Wasser

6 Artischockenböden aus der Dose

Zeitangabe:
Zubereitung: 30 Minuten

Zubereitung:

1. Die Karotte und das Rübchen waschen. Beide in 6 gleiche Teile schneiden und rund zuschneiden (tournieren).
2. Die Brokkoli waschen und in 6 gleiche Teile brechen.
3. Essig, Öl, Salz und Pfeffer mit etwas Wasser zum Kochen bringen. Die Gemüse darin auf den Punkt garen.
4. Die Artischockenböden am Boden gerade schneiden. Das Gemüse abtropfen lassen und in die Artischockenböden einsetzen.

FISCH & MEERES- FRÜCHTE

RUSTIKALE FISCHPLATTE MIT VERSCHIEDENEN MEERRETTICHSAUCEN

Für 8 Personen:

4 Pfeffermakrelenfilets

4 geräucherte Rollmöpse

8 bis 12 Scheiben geräucherter Heilbutt

250 g Schillerlocken

2 unbehandelte Zitronen

verschiedene kräftige Blattsalate

grüne und schwarze Oliven

Sahnemeerrettich (siehe Seite 172)

Preiselbeermeerrettich (siehe Seite 172)

Zeitangaben:
Zubereitung: 20 Minuten
Anrichten: 15 Minuten

Zubereitung:

1. Von den Pfeffermakrelenfilets die Haut abziehen und die Filets in der Mitte quer halbieren. Große Filets eventuell dritteln.
2. Bei den Rollmöpsen die Spieße entfernen, die Filets aufgerollt lassen und so halbieren, daß jeweils 2 dünne Rollen entstehen.
3. Die Schillerlocken schräg in etwa 5 Zentimeter lange Stücke schneiden.
4. Die Zitronen waschen und mit einem Ziselierer einritzen. Eine Zitrone längs halbieren und in Scheiben schneiden. Die zweite Zitrone quer halbieren und sternförmig einschneiden.

Anrichten:

5. Die Räucherfische auf einer ovalen Platte anrichten. Die Makrelenfilets, dem Rand der Platte folgend, zur Mitte hin auflegen. Die Rollmöpse in einer Reihe im Anschluß an die Makrelenfilets anrichten.
6. Die Heilbuttscheiben auf der gegenüberliegenden Seite, dem Rand der Platte folgend, auflegen. Anschließend die Zitronenscheiben auflegen.

7. Den freien Raum in der Mitte mit Salatblättern auslegen und die Schillerlocken darauf fächerartig anrichten. Zum Schluß die eingezackten Zitronenhälften auf die Platte setzen und mit den Oliven garnieren. Die Meerrettichsaucen zu der Platte reichen.

EDLE RÄUCHERFISCHE, GARNELEN UND AVOCADOS, SAHNEMEERRETTICH UND SENF-DILL-SAUCE

Der Räucheraal wird vom Kopf zum Schwanz in schräge Scheiben geschnitten

Für 8 Personen:

250 g Räucherlachs, pariert

250 g Räucheraal

8 Forellenfilets

160 g Garnelen, ohne Schalen

1 reife Avocado

Saft von 2 Zitronen

Salz, Pfeffer

Friséesalat, Eichblattsalat

Radicchioblätter und Dillzweige

Sahnemeerrettich (siehe Seite 172)

Senf-Dill-Sauce (siehe Seite 170)

Zeitangaben:
Zubereitung: 40 Minuten
Anrichten: 15 Minuten

Zubereitung:

1. Die Räucherfische vorbereiten. Beim Lachs mit einer Pinzette oder kleinen Zange vom Kopfteil zum Schwanz die verbliebenen feinen Gräten ziehen. Anschließend in umgekehrter Richtung den Lachs in dünne Scheiben schneiden.
2. Den Räucheraal vorbereiten. Zuerst die Mittelgräte vom Kopf zum Schwanz entfernen.
3. Jetzt von beiden Filetstreifen die Haut abziehen und die Aalfilets schräg aufschneiden.
4. Von den Forellenfilets die Haut abziehen. Die Filets am Kopfteil schräg zuschneiden und in der Mitte diagonal halbieren.
5. Die Garnelen mit etwas Zitronensaft, Salz und Pfeffer marinieren.
6. Die Avocados längs halbieren und aufklappen, jetzt den Kern entfernen. Mit einem Eßlöffel das Fleisch als Ganzes aus der Schale schälen.
7. Beide Hälften in gleich große Spalten schneiden und sofort mit dem restlichen Zitronensaft beträufeln, damit sie nicht braun werden.

Anrichten:

8. Die Räucherfische halbrund auf einer Platte anrichten. Die Forellenfilets auf dem oberen Teil der Platte halbkreisförmig auflegen. Darunter den Räucheraal in einer Reihe anrichten.
9. Die Räucherlachsscheiben im unteren Teil der Platte halbkreisförmig auflegen.

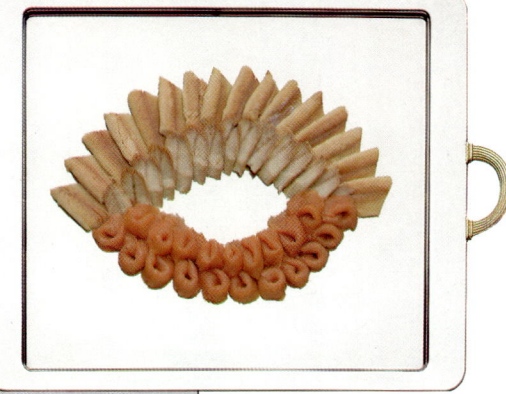

10. Den freien Raum in der Mitte mit Salatblättern auslegen und die Garnelen auf dem Radicchio anrichten. Mit einigen Dillzweigen garnieren.
11. Die Avocadospalten in den beiden oberen Ecken anrichten.
12. Die Saucen zu der Räucherfischplatte servieren.

HERSTELLUNG VON HAUSGEBEIZTEM LACHS

Für 8 Personen:

1 Stange Lauch

3 Karotten

1/2 Knolle Sellerie (300 g)

2 Bund Petersilie

1 Bund Sauerampfer

1 Bund Borretsch

1 Bund Pimpernelle

1 Bund Kerbel

2 Bund Schnittlauch

2 Bund Dill

300 g Salz

200 g Zucker

1 Lorbeerblatt

6 bis 8 Wacholderbeeren

1 Lachs (etwa 2000 g)

einige Dillzweige zum Garnieren

Zeitangaben:
2 Tage zuvor zubereiten
Zubereitung: 30 Minuten
Beizen: 1 Tag
Anrichten: 20 Minuten

 TIP

Die Lachsbeize kann mehrmals verwendet werden. Den Lachs nach dem Beizen etwa einen Tag ruhen lassen, er gewinnt an Festigkeit und läßt sich dann besser aufschneiden.

Zubereitung:

1. Die Gemüse und Kräuter gründlich waschen.
2. Petersilie, Sauerampfer, Borretsch, Pimpernelle und Kerbel fein hacken. Schnittlauch und Dill fein schneiden.
3. Die Karotten und den Sellerie schälen und in kleine Würfel schneiden.
4. Den Lauch der Länge nach halbieren, eventuell nochmals auswaschen und quer in feine Streifen schneiden.
5. Für die Beize Salz und Zucker mischen. Die geschnittenen Kräuter und das Gemüse sowie das Lorbeerblatt und die Wacholderbeeren dazugeben und alles gut mischen.
6. Nun den Lachs vom Schwanz zum Kopf schuppen. Den Kopf hinter den Kiemen abtrennen. Die Lachsfilets vom Kopfteil zum Schwanz von der Mittelgräte lösen.
7. Die beiden Lachsfilets etwa 12 Stunden in die Beize legen.
8. Den Lachs aus der Beize nehmen und die restliche Beize abstreifen. Mit einem scharfen Messer die Gräten der Bauchhöhle von der Mitte an nach unten entfernen.
9. Die eventuell verbliebenen feinen Gräten in der Mitte der Lachsfilets mit einer Pinzette oder kleinen Zange herausziehen.

Anrichten:

10. Den Lachs vom Schwanz zum Kopf in dünne Scheiben schneiden und auf einer Platte anrichten. Mit einigen Dillzweigen garnieren.

Der Kopf wird hinter den Kiemen abgetrennt

Entlang der Mittelgräte werden die Filets ausgelöst

Die Gräten in der Bauchhöhle entfernt man nach dem Beizen

GEFÜLLTE LACHSFILETS MIT GARNELEN UND RÄUCHERAAL

Daß Lachs zu den beliebtesten und erlesensten Speisefischen zählt, liegt wohl an der herrlichen rosa Farbe und dem Wohlgeschmack des zarten Fleisches. Auch bei einem kalten Buffet trumpft der Lachs besonders auf. Für diese edle Fischplatte werden die Lachsfilets ausgelöst und mit einer feinen Farce und tiefgrünen Mangoldblättern gefüllt.

GEFÜLLTE LACHSFILETS MIT GARNELEN UND RÄUCHERAAL

Für 8 Personen:

1 Lachs (etwa 2000 g)

150 g Zanderfilet

150 g Sahne

1 Eiweiß

1 cl Pernod

Salz, Pfeffer

400 g Mangold

Saft von 1 Zitrone

2 l Court-Bouillon (siehe Seite 75)

16 frische Garnelen

250 g Räucheraal

6 Kirschtomaten

1 kleine Salatgurke

100 g Fischaspik

Zeitangaben:
Zubereitung: 1 Stunde und 10 Minuten (ohne Auskühlen)
Anrichten: 60 Minuten

 TIP

Die Rückseite des Lachskopfes mit Gurkenscheiben bedecken. Die Augenhöhlen mit Butter ausstreichen und mit Olivenscheiben verzieren.

Zubereitung:

1. Den Lachs mit dem Messerrücken vom Schwanz zum Kopf schuppen.
2. Den Kopf mit einem schrägen Schnitt etwa 3 Zentimeter hinter den Kiemen abschneiden.
3. Das Schwanzstück auf Höhe der Fettflosse abtrennen.
4. Das Schwanzstück und den Lachskopf getrennt in ein Küchentuch einwickeln und zubinden. Beide werden später weiterverarbeitet.
5. Die beiden Lachsfilets mit einem Messer von der Mittelgräte lösen.
6. Die Gräten an den Innenseiten der Bauchlappen mit einem kleinen scharfen Messer abschneiden.
7. Nun löst man die Haut von den Filets. Dabei beginnt man am Schwanzende und schneidet die Haut mit leichtem Druck nach vorne gleitend ab.
8. Mit einer kleinen Zange oder Pinzette die restlichen feinen Gräten aus den Innenseiten der Lachsfilets ziehen.
9. Für die Farce das Zanderfilet klein schneiden und im Mixer oder mit dem Pürierstab pürieren. Nach und nach die Sahne und das Eiweiß dazugeben. Mit Pernod, Salz und Pfeffer würzen.
10. Vom Mangold die Stiele abschneiden und die dicken Blattrippen entfernen. Die Blätter waschen und in kochendem Salzwasser kurz blanchieren, kalt abschrecken und trockentupfen.
11. Die Lachsfilets mit Zitronensaft, Salz und Pfeffer würzen.
12. Ein Lachsfilet mit der Hautseite nach unten auf eine Klarsichtfolie legen.
13. Das Filet mit etwa einem Drittel der Zanderfarce bestreichen. Dabei zum Rand hin weniger Farce auftragen.
14. Die Zanderfarce mit Mangoldblättern belegen und wieder mit Zanderfarce bestreichen. Diesen Vorgang noch einmal wiederholen.
15. Das zweite Lachsfilet mit der Innenseite nach unten auf die Zanderfarce legen. Beide Filets fest zusammendrücken und mit der Folie einwickeln. Die Enden mit Küchengarn zubinden.
16. Das gefüllte Lachsfilet, den eingewickelten Kopf und den Schwanz in die kalte Court-Bouillon legen und auf etwa 95° C erhitzen.
17. Ist die Temperatur erreicht, die Garnelen hinzufügen. Dann den Topf von der Herdplatte nehmen und die Lachsfilets und die Garnelen in der heißen Court-Bouillon ziehen lassen. Alles im Sud erkalten lassen.
18. Beim Räucheraal die Mittelgräte entfernen und die Haut abziehen.
19. Die beiden Aalfilets in Scheiben schneiden.
20. Die Lachsteile aus der Folie nehmen. Die Garnelen ausbrechen und längs halbieren.

Die Gräten in den Innenseiten der Lachsfilets werden mit einem scharfen Messer abgeschnitten

Mit einer kleinen Zange werden die restlichen Gräten aus den Innenseiten der Filets gezogen

Man bestreicht das Lachsfilet mit einer Farce

Anrichten:

21. Das gefüllte Lachsfilet an der Ober- und Unterseite von der Fettschicht säubern und in gleich große Tranchen schneiden.

22. Den Lachskopf und den Lachsschwanz an den Unterseiten gerade schneiden, damit beide flach auf der Platte aufliegen. Etwa 2 Zentimeter von den Schnittstellen her die Haut und die darunterliegende Fettschicht entfernen.

23. Die Salatgurke waschen und in Scheiben schneiden.

24. Das Kopf- und das Schwanzstück je nach Größe mit 4 bis 5 Gurkenscheiben belegen und darauf die Kirschtomaten anrichten. Zum Befestigen eventuell Fischaspik verwenden.

25. Das Kopf- und das Schwanzstück auf eine ovale Platte legen. Die Lachstranchen parallel in einem leichten Halbkreis zwischen Kopf und Schwanz anrichten.

Die Schicht Mangoldblätter sorgt für die schöne Marmorierung der hellen Füllung

26. Am oberen Plattenrand die Aalscheiben halb übereinanderliegend auflegen.

27. Am unteren Plattenrand erst eine Reihe Gurkenscheiben auflegen und dann darauf die Garnelen anrichten.

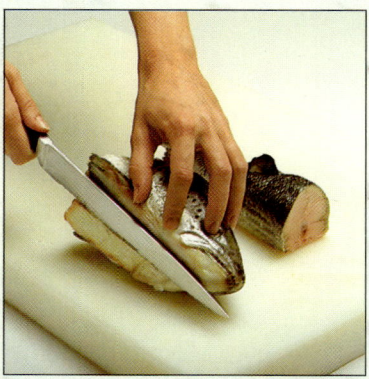

Die dunkle Fettschicht wird mit einem Messer vorsichtig abgeschabt

Man schneidet den Lachskopf und das Schwanzstück flach, damit sie auf der Platte gerade aufliegen

GEFÜLLTER ZANDER MIT SALAT VON GEMÜSEN IM ARTISCHOCKENBODEN

Für 8 Personen:

1 Zander (nicht ausgenommen etwa 1,5 kg)

2 Karotten

1 kleine Zwiebel

1 Stange Lauch

1 unbehandelte Zitrone

300 ml Essig

1 Lorbeerblatt

Salz, Pfeffer

400 g Mangold

150 g Lachsfilet

etwa 100 g Sahne

2 Eiweiß

10 ml Pernod

je 6 tournierte Zucchini- und Karottenstückchen

etwas Fischaspik

8 Scheiben Räucherlachs

8 gefüllte Artischockenböden (siehe Seite 57)

Kerbel-Joghurt-Sauce (siehe Seite 171)

Zeitangaben:
Zubereitung: 1 Stunde und 50 Minuten (ohne Auskühlen)
Anrichten: 10 Minuten

TIP

Den Zander am besten am Tag vor dem Fest kochen, denn dann kann er über Nacht gut auskühlen. Je kälter der Zander ist, desto einfacher kann man ihn aufschneiden.

Zubereitung:

1. Den Zander vor dem Ausnehmen vom Schwanz zum Kopf mit einem Messerrücken schuppen.
2. Von der Rückenflosse beginnend zu Kopf und Schwanz hin an der Mittelgräte entlang aufschneiden. Die Mittelgräte kurz hinter dem Kopf und vor dem Schwanz mit einer Schere durchtrennen.
3. Mit dem Messer weiter an den Gräten entlang schneiden bis man sie mit den Innereien herausziehen kann.
4. Die Innereien entfernen, Gräten waschen und beiseite legen. Den so vorbereiteten Fisch gründlich waschen und trockentupfen.
5. Nun den Fond vorbereiten, in dem der Fisch gegart (pochiert) wird. Das Gemüse waschen und klein schneiden. Die Zitrone waschen und halbieren.
6. Die Zutaten zusammen mit dem Essig, dem Lorbeerblatt, Salz und Pfeffer sowie den Fischgräten in einem Bräter mit etwa 5 Litern Wasser zum Kochen bringen.
7. Inzwischen die Füllung vorbereiten. Dafür vom Mangold die Stiele entfernen, die Blätter waschen und in kochendem Salzwasser kurz blanchieren, kalt abschrecken, trockentupfen.
8. Das Lachsfilet klein schneiden und mit dem Pürierstab oder im Mixer pürieren. Nach und nach die Sahne und die Eiweiße hinzufügen und unterarbeiten bis eine cremige Farce entsteht. Die Farce mit Salz, Pfeffer und Pernod würzen.
9. Die Mangoldblätter in der Länge des ausgelösten Fisches auslegen, mit der Hälfte der Farce bestreichen und zu einer Rolle formen.
10. Den ausgelösten Fisch an den Innenseiten mit Salz und Pfeffer würzen. Mit der restlichen Farce ausstreichen und die Mangoldrolle hineinlegen.
11. Den Zander am Rücken mit Küchengarn zunähen.
12. Den so vorbereiteten Fisch in ein Küchentuch einwickeln und am Kopf sowie am Schwanz zubinden.
13. Den Zander in den vorbereiteten Sud legen und etwa 30 Minuten bei 90° C ziehen lassen. Den Garzustand mit der Nadelprobe überprüfen. Anschließend den Fisch im Fond erkalten lassen.
14. Den Zander vorsichtig aus dem Fond nehmen und auswickeln. Die Haut hinter dem Kopf und vor der Schwanzflosse auf beiden Seiten mit einem scharfen Messer schräg einschneiden und abziehen. Die bräunliche Fettschicht entfernen. Restliche Teile mit einem Pinsel und lauwarmem Wasser abstreichen.

Anrichten:

15. Die Schwanzflosse mit einer Schere zuschneiden. Zwischen Kopf und Schwanz 8 gleich große Scheiben (Tranchen) herausschneiden.
16. Den Kopf- und den Schwanzteil an der Unterseite gerade schneiden und beide mit den tournierten Zucchini- und Karottenstückchen garnieren. Zum Befestigen etwas Fischaspik verwenden.
17. Den Kopf und den Schwanz auf einer Platte anrichten. Halbkreisförmig die Zandertranchen auflegen. Nun den Kreis mit den Artischockenböden schließen und in der Mitte die Lachsscheiben anrichten. Mit der Kerbel-Joghurt-Sauce servieren.

An der Rückenflosse beginnt man, den Zander an der Mittelgräte aufzuschneiden

Man schneidet mit dem Messer an den Gräten entlang, bis man sie mit den Innereien herauslösen kann

Die Mangoldblätter werden mit der Farce bestrichen und zu einer Rolle geformt

Man streicht den Zander mit der Farce aus

Nun wird der Zander mit der Mangoldrolle gefüllt. Sie sorgt für die schöne Marmorierung

Zum Schluß näht man den Zander mit Küchengarn zu

GEFÜLLTER STEINBUTT
MIT LACHSFARCE

Kühl und edel präsentiert sich der gefüllte Steinbutt.
Auf einem festlichen Buffet steht diese Fischplatte
zweifellos im Mittelpunkt und erregt bei allen Gästen
größtes Interesse, denn die Komposition aus zarter
Lachsfarce und dem feinen festen Fleisch des Steinbutts
verbindet Augenschmaus und kulinarischen Genuß auf
eindrucksvolle Weise. Nicht nur Fischliebhaber werden
begeistert sein.

GEFÜLLTER STEINBUTT MIT LACHSFARCE

Für 8 Personen:

1 Steinbutt (2000 g)

Saft von 1 Zitrone

400 g Mangold

150 g Lachsfilet

75 g Eiweiß

100 g Sahne

Salz, Pfeffer

1 cl Noilly Prat oder Pernod

3 l Court-Bouillon
(siehe Seite 75)

2 Tomaten

100 g Zuckerschoten

8 gefüllte Artischockenböden
(siehe Seite 57)

1 Glas Wachteleier

zusätzlich eventuell:

18 Blatt Gelatine

1/2 l Sahne

1/2 l Fischfond

Zeitangaben:
Zubereitung: 100 Minuten
(ohne Auskühlen)
Anrichten: 20 Minuten

 TIP

Noilly Prat ist ein trockener französischer Vermouth, der zu Fischgerichten besonders gut paßt.

Zubereitung:

1. Den Steinbutt zum Pochieren vorbereiten. Zuerst die Flossen rundherum vom Kopf zum Schwanz mit einer Schere entfernen. Die Schwanzflosse halbrund zuschneiden.

2. Jetzt die Mittelgräte entfernen. Dazu den Steinbutt mit der dunklen Seite nach oben legen. Etwa in der Mitte verläuft vom Kopf zum Schwanz eine gut sichtbare Linie, welche die beiden Filets unter der Haut teilt. Hier der Länge nach bis auf die Mittelgräte einschneiden. Dabei am Kopf- sowie am Schwanzende etwa 2 Zentimeter geschlossen lassen.

3. Jetzt an den Gräten entlang schneiden und die Filets bis etwa 2 Zentimeter zum Außenrand lösen.

4. Vom Kopf her mit einem spitzen Messer nun die Gräten von der Unterseite her lösen. Mit der Schere die Gräten am Ende rundherum abschneiden. Die Mittelgräte kann jetzt auf einmal herausgenommen werden.

5. Den Steinbutt jetzt gründlich waschen und trockentupfen. Die Innenseiten mit Zitronensaft und Salz würzen.

6. Den Mangold gründlich waschen. Die Stiele abschneiden und die dicken Blattrippen entfernen. Die Blätter in kochendem Salzwasser kurz blanchieren und sofort kalt abschrecken. Mit Küchenpapier trockentupfen.

7. Die Lachsfarce vorbereiten. Dafür das Lachsfilet klein schneiden und im Mixer oder mit dem Pürierstab pürieren. Nach und nach Sahne und Eiweiß dazugeben. Mit Salz, Pfeffer und Noilly Prat oder Pernod würzen.

8. Den Steinbutt mit der weißen Seite nach unten auf die Arbeitsfläche legen, aufklappen und mit einem Drittel der Lachsfarce bestreichen. Jetzt mit Mangoldblättern auslegen und mit einem weiteren Drittel der Lachsfarce bestreichen. Nun mit Mangoldblättern abdecken und mit der restlichen Lachsfarce bestreichen. Den Steinbutt zuklappen und in die ursprüngliche Form pressen.

9. Ein Küchentuch gut anfeuchten und ausbreiten. Den Steinbutt mit der aufgeschnittenen Seite nach unten auf das Tuch legen und einwickeln. In ein tiefes Backblech legen und mit Court-Bouillon auffüllen. Im Backofen bei 150° C etwa 35 Minuten garen (pochieren). Zum Überprüfen des Garzustandes die Nadelprobe machen.

10. Die Garnituren vorbereiten. Die Tomaten blanchieren, abschrecken, die Haut abziehen und die Früchte längs halbieren und entkernen. Die Hälften in je 4 gleiche Teile schneiden.

11. Die Zuckerschoten putzen, blanchieren, abschrecken und schräg in Rauten schneiden.

Man beginnt vom Schwanz her den Flossensaum abzuschneiden

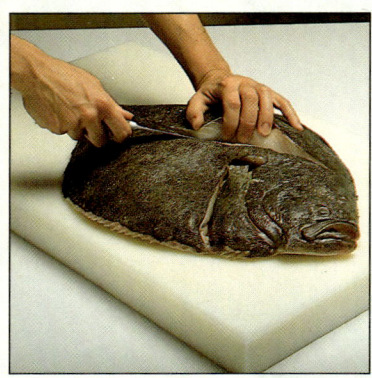

Der Steinbutt wird in der Mitte bis auf die Mittelgräte eingeschnitten

Man schneidet an den Gräten entlang, klappt die Filets nach außen und entfernt den Rogen

Die Mittelgräte wird mit einer Schere vom Außenrand gelöst

Mit dem letzten Schnitt kann man die Mittelgräte auf einmal herausnehmen

Der Steinbutt wird mit mehreren Schichten Farce und Mangoldblättern gefüllt

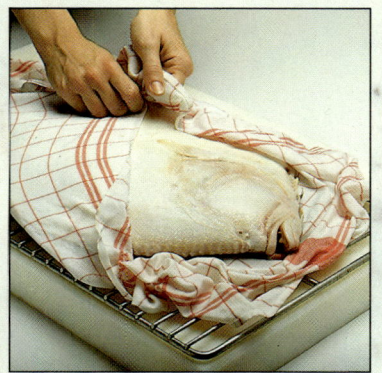

Man legt den Steinbutt mit der aufgeschnittenen Seite nach unten auf ein Küchentuch, wickelt ihn ein und pochiert ihn anschließend in der Court-Boullion

12. Die Artischockenböden herstellen, jedoch zusätzlich mit einem halben Wachtelei garnieren.

13. Den Steinbutt aus dem Ofen nehmen und im Fond erkalten lassen, anschließend auswickeln und mit der weißen Seite nach oben auf ein Abtropfgitter legen. Den Steinbutt gut kalt stellen.

14. Jetzt kann man den Steinbutt mit einem Gelee aus Sahne, Fischfond und Gelatine überziehen. Dafür die Gelatine in kaltem Wasser einweichen, ausdrücken und mit der Sahne und dem Fischfond leicht erwärmen. Die Mischung bis kurz vor dem Stocken kaltrühren.

15. Unter das Abtropfgitter mit dem Steinbutt die Fettpfanne des Backofens stellen, damit man das abtropfende Gelee auffangen kann. Den Steinbutt mit dem Gelee begießen. Den Vorgang mehrmals wiederholen, bis der Steinbutt gleichmäßig bedeckt ist. Anschließend wieder kalt stellen.

Anrichten:

16. Wird der Steinbutt nicht mit Gelee überzogen, streicht man ihn leicht mit Fischaspik ein. Den Steinbutt mit einem scharfen warmen Messer aufschneiden. Die einzelnen Tranchen nach Belieben mit Fischaspik überglänzen.

17. Den Steinbutt mit Tomaten und Kaiserschoten ausgarnieren. Die Tomaten auf dem Kopf des Fisches sternförmig auflegen und in die Mitte ein Wachtelei setzen.

18. Die Kaiserschoten im oberen Teil fächerförmig auflegen. Beide Garnituren mit Fischaspik befestigen.

19. Den Steinbutt mit den Artischockenböden auf einer Silberplatte anrichten.

Court-Bouillon

Zubereitung:

1. Zwiebeln, Karotten und Sellerie schälen und in feine Scheiben schneiden.

2. Die Petersilie waschen und mit Küchengarn etwas zusammenbinden.

3. Alle Zutaten bis auf den Weißwein etwa 12 Minuten kochen lassen.

4. Abkühlen lassen und vor dem Gebrauch beim Erhitzen den Weißwein dazugeben.

Der pochierte Steinbutt wird mehrmals mit Gelee übergossen

Am besten schneidet man den Steinbutt mit einem scharfen warmen Messer

2 Zwiebeln

2 Karotten

1 kleine Sellerieknolle

1 Bund Petersilie

1,5 l Wasser

2 EL Salz

1/4 l Weißwein

Zeitangabe:
Zubereitung: 20 Minuten

HUMMER MIT GRÜNEM UND WEISSEM SPARGEL

Feinschmecker waren sich schon immer einig, daß Hummer zu den erlesensten Genüssen zählt. Und auch bei einem kalten Buffet ist eine Hummerplatte zweifellos der Höhepunkt. Diese Komposition mit Spargel präsentiert das ausgelöste, wohlschmeckende Hummerfleisch auf einem pikanten Salat aus feingewürfeltem Gemüse.

HUMMER MIT GRÜNEM UND WEISSEM SPARGEL

Für 8 Personen:

1000 g weißer Spargel

1000 g grüner Spargel

400 g Gemüsesalat
(siehe Seite 133)

5 Hummer à 500 g

2 Zwiebeln

2 Karotten

1 TL Kümmel

Salz, gestoßene Pfefferkörner

50 g Fischaspik

Sauce:

350 g Crème fraîche

100 ml Orangensaft

Zum Marinieren des Spargels:

Salz und Pfeffer

Essig, Öl

Zeitangaben:
Zubereitung: 1 Stunde und
20 Minuten (ohne Auskühlen)
Anrichten: 20 Minuten

Zubereitung:

1. Den Spargel wie auf Seite 127 beschrieben vorbereiten und garen.
2. Damit der schönste Hummer beim Kochen schön gerade bleibt und nicht die Form verliert, bindet man ihn mit Küchengarn auf ein Holzbrett, das der Länge und Breite des Hummers entspricht.
3. Wasser in einem großen Topf zum Kochen bringen.
4. Die Zwiebeln schälen und vierteln. Die Karotten waschen, schälen, klein schneiden und mit den Zwiebeln, dem Kümmel sowie Salz und den Pfefferkörnern in das kochende Wasser geben.
5. Die Hummer einzeln jeweils mit dem Kopf voraus in das kräftig kochende Wasser geben. Darauf achten, daß das Wasser sprudelnd kocht.
6. Die Hummer etwa 10 Minuten kräftig kochen lassen, anschließend im Fond erkalten lassen.
7. Den Hummer für das Schaustück in der Mitte der Platte vorbereiten. Dafür den Hummer losbinden und auf den Rücken legen. Mit einer spitzen Schere den Panzer im Bereich des Schwanzes aufschneiden. Das Fleisch entnehmen und den Hummer wieder so drehen, daß der Rücken nach oben zeigt.
8. Das Fleisch des Hummerschwanzes in Scheiben schneiden. Die Medaillons auf dem Rücken des Hummers vom Kopf zum Schwanz auflegen und dabei mit etwas Fischaspik befestigen. Anschließend mit Kerbelblättern garnieren.
9. Nun die restlichen Hummer ausbrechen. Vom Hummerkörper die Scheren mit einer drehenden Bewegung lösen und die Beine entfernen.
10. Die Hummer mit einem großen, stabilen Messer halbieren. Dafür mit der Messerspitze zwischen Schwanz und Körper einstechen und längs aufschneiden. Das Hummerfleisch aus der Karkasse nehmen und kühl stellen.
11. Im Kopfteil das Mark mit einem Teelöffel herauskratzen und für die Sauce beiseite stellen.
12. Die Hummerschalen auswaschen und trockentupfen.
13. Die Scheren an den Kanten mit dem Messerrücken aufschlagen, aufbrechen und das Fleisch auslösen.
14. Die Verbindungsglieder zwischen Schere und Körper mit einer Schere aufschneiden und das Fleisch zum Fleisch der Hummerscheren legen.

Man bindet den schönsten Hummer auf ein Brett

Für das Schaustück wird der Hummer auf der Rückseite im Schwanzbereich aufgeschnitten

Der Hummerschwanz wird in Scheiben geschnitten, und die Medaillons werden auf dem Rücken angerichtet

Anrichten:

15. Die Hummerschalen mit Gemüsesalat füllen. Die ausgelösten, halbierten Hummerschwänze mit der roten Seite nach oben auf den Gemüsesalat legen.
16. Den Kopfteil des Hummers mit dem Fleisch aus den Scheren auffüllen.
17. Am Ansatz vom Kopf zum Schwanz mit je einer grünen und weißen Spargelspitze garnieren.
18. Für die Sauce das Mark des Hummers durch ein Haarsieb passieren.
19. Mit der Crème fraîche und dem Orangensaft verrühren, mit Salz und Pfeffer abschmecken.
20. Das Hummerschaustück in der Mitte der Platte anrichten.
21. Den Spargel unter dem Hummer fächerförmig, in der Farbe abwechselnd, anrichten.
22. Die halben Hummer links und rechts des Schaustückes parallel anrichten.
23. Den Spargel mit Salz, Pfeffer, Essig und Öl beträufeln.
24. Die Sauce in eine Sauciere oder ein Schälchen geben und zu der Hummerplatte reichen.

Mit einer kurzen drehenden Bewegung löst man die Scheren

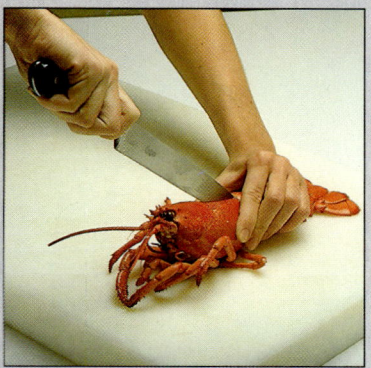

Man sticht mit der Messerspitze zwischen Schwanz und Körper ein und halbiert den Hummer

Das Hummermark wird mit einem Teelöffel herausgekratzt und später für die Sauce weiter verarbeitet

Man schlägt die Scheren an den Kanten mit dem Messerrücken auf und löst das Fleisch aus

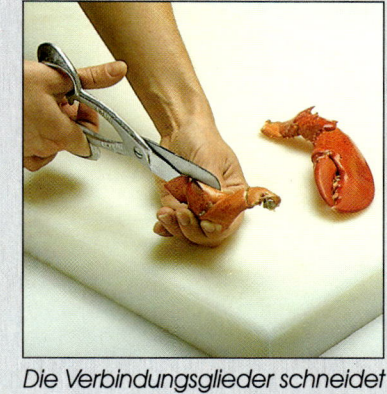

Die Verbindungsglieder schneidet man mit einer Schere auf und entnimmt das Fleisch

FLEISCH WURST GEFLÜGEL & WILD

DEFTIGE RAUCHWURST MIT FEINEN GÜRKCHEN UND RADIESCHEN

Für 8 Personen:

1 Bund Radieschen

4 Paar Landjäger

300 g geräucherte Leberwurst

300 g geräucherte Mettwurst

300 g geräucherte Blutwurst

1 kleines Glas Cornichons

1 kleines Glas Maiskölbchen

kräftige Salatblätter
zum Garnieren

Zeitangaben:
Zubereitung: 15 Minuten
Anrichten: 10 Minuten

 TIP

Sollte die Wurstplatte längere
Zeit in der Wärme stehen, ist es
empfehlenswert, die Haut an
den Wurstscheiben zu belassen.

Zubereitung:

1. Die Radieschen
   gründlich waschen und
   die Wurzeln abschneiden.
   Von den Blättern etwa 2 Zentimeter an den Radieschen belassen, den Rest abschneiden. Die so
   vorbereiteten Radieschen wie auf Seite
   144 beschrieben einschneiden und etwa
   1 Stunde in kaltes Wasser legen.
2. Die Landjäger teilen und in der Mitte leicht schräg
   halbieren.
3. Die restlichen Wurstsorten in je 8 bis 10 Scheiben
   schneiden.

Anrichten:

4. Nun die Wurstscheiben auf einer ovalen Platte anrichten. Mit der Blutwurst in der linken Ecke beginnen. Im Anschluß daran die Mettwurst, dem Rand der Platte folgend, anrichten.

5. Die Landjäger mit den Schnittflächen nach außen in der rechten Ecke fächerartig anordnen. Die Leberwurstscheiben im Anschluß auflegen und damit das Oval schließen.

6. Mit den Salaten den entstandenen Freiraum in der Mitte des Brettes auslegen. Darauf die Radieschen, die Cornichons und die Maiskölbchen gruppenweise anrichten.

ROTER UND WEISSER SCHWARTENMAGEN MIT KRÄUTERVINAIGRETTE

Für 8 Personen:

1 Bund Petersilie

1 Bund Kerbel

1 Bund Schnittlauch

2 hart gekochte Eier

1/4 l Öl

5 EL Weinessig

Salz, Pfeffer

1 Bund Radieschen

je 8 Scheiben roter und weißer Schwartenmagen, nicht zu dünn geschnitten

verschiedene Salatblätter

Zeitangaben:
Zubereitung: 15 Minuten
Anrichten: 5 Minuten

 TIP

Mit deftigem Bauernbrot servieren.

Zubereitung:

1. Mit der Herstellung der Kräutervinaigrette beginnen. Dafür die Kräuter separat gründlich waschen.
2. Die Petersilie und den Kerbel von den Stengeln zupfen und die Blätter fein hacken. Anschließend den Schnittlauch fein schneiden.
3. Die hart gekochten Eier schälen, halbieren und Eigelb sowie Eiweiß separat in kleine Würfel schneiden.
4. Öl und Essig verrühren, mit Salz und Pfeffer würzen, die vorbereiteten Zutaten dazugeben und in der Marinade ziehen lassen.
5. Die Radieschen putzen, waschen und wie auf Seite 144 beschrieben einschneiden.

Anrichten:

6. Die Scheiben von rotem und weißem Schwartenmagen halbieren und sortengleich, der Form der Platte folgend, überlappend auflegen.
7. Den Innenraum mit den Salatblättern auslegen und die Radieschen darauf anrichten.
8. Einen Teil der Vinaigrette auf die Schwartenmagenscheiben verteilen, den Rest in einer Sauciere extra reichen.

GEPÖKELTE RINDERBRUST MIT GRÜNER SAUCE

Für 8 Personen:

800 g gepökelte, gekochte
Rinderbrust, in Scheiben

Grüne Sauce (siehe Seite 168)

einige kräftige Salatblätter

süß-sauer eingelegtes Gemüse
(siehe Seite 40)

Zeitangaben:
Zubereitung: 10 Minuten
Anrichten: 15 Minuten

Zubereitung:

1. Die Rinderbrustscheiben exakt übereinanderlegen, das
   am Rand befindliche Fett entfernen und die Scheiben
   eventuell etwas zuschneiden.
2. Die Salatsorten einzeln putzen, waschen und trockentupfen.

Anrichten:

3. Die Grüne Sauce als Spiegel in die Form gießen. Darauf
   die Rinderbrustscheiben halbkreisförmig auslegen.
4. Den verbliebenen Freiraum mit den Salatblättern auslegen und das süß-sauer eingelegte Gemüse darauf
   anrichten. Dazu frisches Stangenweißbrot servieren.

WURSTAUFSCHNITT MIT GEFÜLLTER GURKE

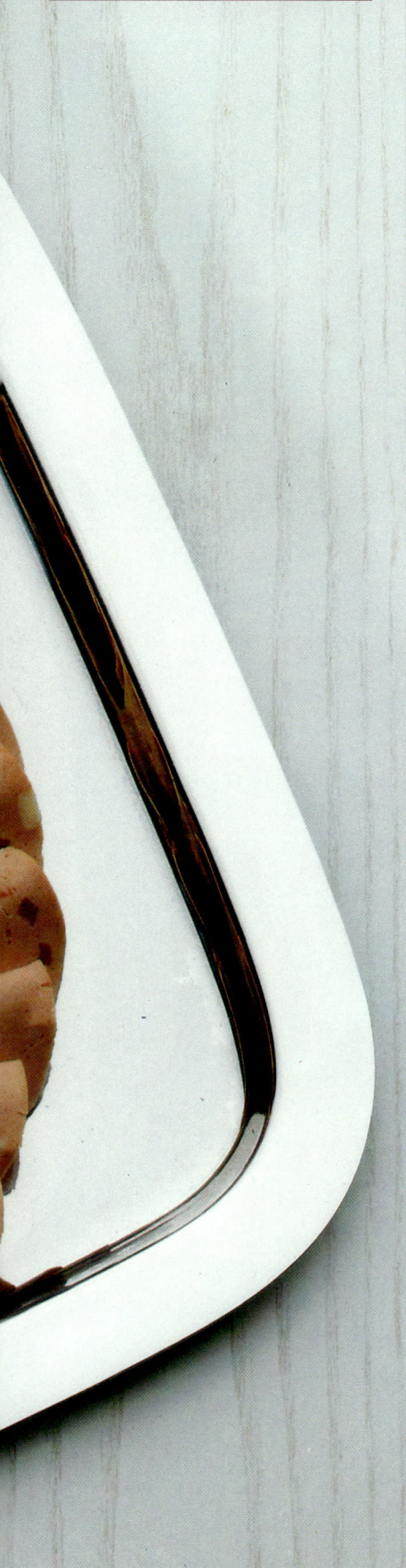

Zubereitung:

1. Als erstes die Gurke vorbereiten. Dafür die Salatgurke waschen und an der unteren Seite gerade abschneiden, damit sie einen besseren Stand hat.
2. An der Oberseite, von beiden Enden etwa 4 Zentimeter entfernt, schräg nach innen etwa 2 Zentimeter tief einschneiden und mit einem geraden Schnitt das Oberteil entfernen. Die Kerne mit einem Teelöffel entfernen.
3. Anschließend die Salatgurke in kochendem Salzwasser kurz blanchieren.
4. Die Mixed Pickles abgießen, trockentupfen und eventuell in kleinere Stücke teilen. Anschließend dekorativ in die Gurke einsetzen.

Anrichten:

5. Die Gurke in der linken oberen Ecke schräg anrichten. In der rechten oberen Ecke den Bierschinken im Kreis auflegen.

6. Dann, mit der Bierwurst beginnend, von der Gurke her einen Halbkreis legen. Anschließend Jagdwurst und Mortadella auflegen.

7. Die Salami zu Hütchen formen und zwischen Gurke und Bierwurst anrichten.

Für 8 Personen:

1 Salatgurke

Salz

1 kleines Glas Mixed Pickles

200 g Bierschinken, geschnitten

200 g Bierwurst, geschnitten

200 g Jagdwurst, geschnitten

200 g Mortadella, geschnitten

200 g Salami, geschnitten

Zeitangaben:
Zubereitung: 15 Minuten
Anrichten: 10 Minuten

 TIP

Die Wurstplatte mit kräftigen Brotsorten, Butter und mittelscharfem Senf reichen.

RUSTIKALE AUFSCHNITTPLATTE OHNE SCHWEINEFLEISCHPRODUKTE

Für 8 Personen:

4 große weiße Rübchen

Essig

2 Tomaten

1 Zwiebel

1 Dose Maiskörner

Salz, Pfeffer

Öl

200 g gebratene Truthahnbrust oder geräucherte Putenbrust, geschnitten

200 g Corned beef, geschnitten

200 g Rinderbierschinken, geschnitten

200 g Geflügelwurst, geschnitten

Zeitangaben:
Zubereitung: 30 Minuten
Anrichten: 10 Minuten

 TIP

Die Aufschnittplatte mit Grüner Sauce und Graubrot servieren.

Die Rübchen werden mit einem Kugelstecher ausgehöhlt

Zubereitung:

1. Als erstes die Garnitur vorbereiten. Dafür die Rübchen schälen und quer halbieren. An den Unterseiten gerade schneiden und auf gleiche Höhe zuschneiden. Mit einem Kugelausstecher etwas aushöhlen.
2. Die Rübchen in Salzwasser mit einem Schuß Essig blanchieren und abkühlen lassen.
3. Die Tomaten blanchieren, abschrecken und enthäuten. Anschließend halbieren, das Kerngehäuse entfernen und das Fruchtfleisch in kleine Würfel schneiden.
4. Die Zwiebel schälen und in kleine Würfel schneiden. Die Maiskörner abschütten, trockentupfen und mit den Zwiebeln mischen. Mit Salz, Pfeffer, Essig und Öl zu einem pikanten Salat abschmecken.
5. Die Tomatenwürfel vorsichtig darunter ziehen und den Salat in die vorbereiteten Rübchen füllen.

Anrichten:

6. Zuerst die weißen Rübchen im Halbkreis von links oben nach rechts oben anordnen.
7. Dann jeweils 4 Scheiben Truthahnbrust von den unteren Ecken leicht schräg nach oben zu den Rübchen auflegen. Zwischen Truthahnbrust und Rübchen das Corned beef im Halbkreis auflegen.

8. Den Rinderbierschinken als Verlängerung der Truthahnbrust im Halbkreis anrichten.

9. Im entstandenen Zwischenraum die Geflügelwurst im Kreis auflegen.

Der Salat wird in die Rübchen gefüllt

LOMBARDISCHE DELICE

Für 8 Personen:

400 g Kalbsnuß

1 Bund Schnittlauch

Saft von 1 Zitrone

100 ml Olivenöl

grobes Salz

schwarzer Pfeffer

1 Radicchio

400 g Champignons

8 schwarze Oliven

2 Tomaten

Zeitangaben:
Am Vortag zubereiten
Zubereitung: 25 Minuten
Marinieren: 1 Tag
Anrichten: 15 Minuten

TIP

Zu diesem Gericht Italienisches
Fladenbrot servieren.

Zubereitung:

1. Die Kalbsnuß im Tiefkühlschrank etwas anfrieren lassen, damit sie sich später besser schneiden läßt.
2. Den Schnittlauch waschen, fein schneiden und mit dem Zitronensaft und dem Olivenöl verrühren. Die Marinade mit Salz und Pfeffer abschmecken.
3. Eine tiefe Platte mit der Marinade ausgießen.
4. Das Kalbfleisch quer zur Faser dünn schneiden und in die Marinade legen.
5. Das Fleisch mit Marinade bedecken und darauf wieder Kalbfleischscheiben legen. So weiter verfahren, bis alles aufgebraucht ist. Mit einer Lage Sauce aufhören. Das Fleisch einen Tag ziehen lassen.

Anrichten:

6. Am nächsten Tag den Radicchio putzen, waschen, abtropfen lassen und damit eine Glasplatte auslegen.
7. Die marinierten Kalbfleischscheiben auf den Salatblättern verteilen.
8. Die Champignons putzen, in feine Scheiben schneiden und roh auf den Kalbfleischscheiben verteilen.
9. Die Platte mit Tomatenscheiben und Oliven garnieren.

„VITELLO TONNATO" (KALBFLEISCHSCHEIBEN MIT THUNFISCHSAUCE)

Für 8 Personen:

1 Zwiebel

2 Lorbeerblätter

1 Nelke

1000 g Kalbsnuß

200 g Thunfisch ohne Öl

5 Sardellenfilets

100 g Mayonnaise
(siehe Seite 168)

Saft von 2 Zitronen

Zum Garnieren:

2 hart gekochte Eier

1 EL Kapern

Cornichons

schwarze und grüne Oliven

Zeitangaben:
Zubereitung: 60 Minuten
(ohne Auskühlen)
Anrichten: 10 Minuten
Marinieren: 5 Stunden

 TIP

Als Beilage grünen Salat und frisches Brot servieren. Dieses Gericht ist für ein sommerliches Buffet besonders gut geeignet.

Zubereitung:

1. Die Zwiebel schälen und mit den Lorbeerblättern und der Nelke spicken.
2. Die Kalbsnuß längs halbieren und mit Küchengarn binden, damit das Fleisch beim Kochen die Form behält.
3. Das Fleisch mit der gespickten Zwiebel in Salzwasser auf kleiner Flamme etwa 45 Minuten leicht köcheln lassen bis es gar ist. Zum Überprüfen des Garpunktes die Nadelprobe machen. Die Kalbsnuß im Fond erkalten lassen.
4. Inzwischen für die Sauce Thunfisch, Sardellenfilets, Mayonnaise und Zitronensaft im Mixer pürieren. Sollte die Sauce zu dick sein, etwas Fond dazugeben.

Anrichten:

5. Das erkaltete Fleisch in dünne Scheiben schneiden und fächerförmig auf eine Platte mit Rand legen.
6. Die Sauce über das Fleisch geben und das Ganze im Kühlschrank mindestens 5 Stunden ziehen lassen.
7. Vor dem Servieren mit den hart gekochten Eiern, Kapern, Cornichons und Oliven garnieren.

ITALIENISCHE SCHINKEN- UND WURSTSPEZIALITÄTEN MIT GEFÜLLTEN ZUCCHINI

Für 8 Personen:

8 kleine Zucchini

3 Tomaten

1 große Aubergine

2 EL Olivenöl

1 TL Tomatenmark

Salz, Pfeffer

etwas Essig

200 g Mortadella, geschnitten

200 g Parmaschinken, geschnitten

200 g Coppa (luftgetrockneter Schweinehals), geschnitten

200 g italienische Salami, geschnitten

Zeitangaben:
Zubereitung: 40 Minuten
Anrichten: 10 Minuten

 TIP

Die italienischen Spezialitäten mit Stangenweißbrot sowie grünen und schwarzen Oliven servieren.

Zubereitung:

1. Die Zucchini waschen und an den Enden schräg zuschneiden. Von den Früchten in dreiviertel Höhe einen Deckel abschneiden. Anschließend die Zucchini mit einem Kugelausstecher aushöhlen. 8 der schönsten Kugeln zur Seite legen. Den Rest in etwa 5 Millimeter große Würfel schneiden.
2. Die ausgehöhlten Zucchini und die Kugeln in Salzwasser kurz blanchieren, abschrecken und trockentupfen.

3. Die Tomaten waschen, blanchieren und enthäuten. Anschließend die Tomaten halbieren, die Kerne entfernen und das Fruchtfleisch in Würfel schneiden. Die Aubergine schälen und ebenfalls würfeln.

4. Das Olivenöl in einer Pfanne erhitzen. Nun die Auberginen- und die Zucchiniwürfel dazugeben. Das Tomatenmark kurz anrösten. Aus der Pfanne nehmen und abkühlen lassen.

5. Mit Salz, Pfeffer und Essig pikant abschmecken. Nach dem völligen Erkalten die Tomatenwürfel dazugeben.

6. Den Salat in die vorbereiteten Zucchini füllen und mit den Zucchinikugeln garnieren.

Anrichten:

7. Die Zucchini quer von der rechten oberen Ecke der Platte bis in die linke Ecke legen.

8. Die Mortadellascheiben halbieren und leicht überlappend mit der Spitze nach außen halbkreisförmig oberhalb der Zucchini anrichten.

9. Den Parmaschinken zwischen der Mortadella und den Zucchini anrichten.

10. Die Coppa unterhalb der Zucchini im Halbkreis auflegen.

Die Zucchini aushöhlen

Den vorbereiteten Salat in die Zucchini füllen

11. Zum Schluß die Salami zwischen Coppa und den Zucchini anrichten.

93

SCHWEINERÜCKEN MIT BACK-PFLAUMEN UND KASSELER RIPPENSPEER

Für 8 Personen:

1200 g Schweinerücken mit Knochen

1000 g Kasseler Rippenspeer mit Knochen

125 g Backpflaumen ohne Stein

Salz, Pfeffer, Öl zum Braten

1 Karotte

1 Blumenkohl (500 g)

2 Brokkoli (240 g)

2 Äpfel (Granny Smith)

1 Zitrone

1 Glas Senffrüchte

200 g Fleischaspik

Zeitangaben:
Vorheizen des Backofens auf 200° C
Zubereitung: 60 Minuten (ohne Auskühlen)
Anrichten: 15 Minuten

Zubereitung:

1. Das Fleisch zum Braten vorbereiten. Dafür bei beiden Fleischsorten die Rippenknochen mit dem Rücken eines Messers sehr sauber putzen.
2. In den Schweinerücken mit einem langen, spitzen Messer in der Mitte von vorne bis hinten ein Loch schneiden und das Fleisch auseinander drücken. In diese Öffnung die Backpflaumen drücken.
3. Anschließend beide Fleischsorten mit Küchengarn binden, damit sie beim Braten die Form behalten.
4. Das Kasseler vor dem Braten etwa 10 Minuten in kochendem Wasser blanchieren, um den Salzgehalt zu verringern.
5. Inzwischen den Schweinebraten mit Salz und Pfeffer würzen.
6. Beide Fleischsorten in Öl anbraten und bei 200° C im Backofen fertig braten. Die Bratzeit beträgt etwa 35 Minuten. Das Fleisch nach dem Braten gut abkühlen lassen.
7. Inzwischen die Garnitur vorbereiten. Dafür das Gemüse gründlich waschen und putzen. Die Karotten schälen und mit einem Buntmesser in Scheiben schneiden. Blumenkohl und Brokkoli in Röschen brechen.
8. Die Gemüsesorten einzeln in Salzwasser knackig blanchieren, abkühlen lassen und trockentupfen.
9. Mit einem Apfelausstecher das Kerngehäuse der Äpfel entfernen. Beide Äpfel oben und unten gerade schneiden. Anschließend in je 4 gleich starke Scheiben schneiden und mit einem runden Ausstecher ausstechen.
10. Die Apfelscheiben in etwas Wasser mit dem Zitronensaft etwa 15 Sekunden blanchieren. Sofort kalt abschrecken und trockentupfen.
11. Die Senffrüchte abtropfen lassen und auf den Apfelscheiben verteilen.

Anrichten:

12. Nun beide Fleischstücke zu je 2 Dritteln auslösen. Dabei die Knochen an der Karkasse (Gerippe) sowie etwa 1 Zentimeter Fleisch am Boden belassen.
13. An der Stelle der ausgelösten Fleischstücke das Gemüse verteilen und leicht mit Fleischaspik überziehen (nappieren).
14. Das ausgelöste Fleisch in je 8 gleich starke Scheiben (Tranchen) schneiden und ebenfalls mit Aspik leicht überziehen.
15. Beide Schaustücke mit den Knochen nach hinten schräg nebeneinander in der Mitte der oberen Plattenhälfte anrichten.
16. Die aufgeschnittenen Scheiben leicht überlappend im Halbkreis von jedem Schaustück nach unten herauslaufen lassen.
17. Die Apfelscheiben im unteren Plattenteil halbrund anrichten. Sollte von der Gemüsegarnitur noch etwas übrig sein, kann diese zwischen den Schaustücken angerichtet werden.

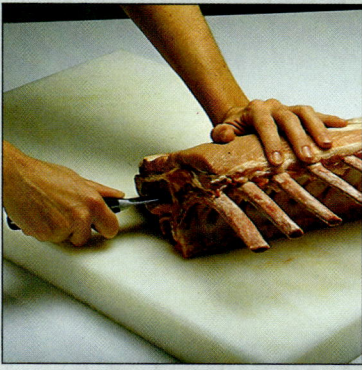

Der Schweinerücken wird zum Füllen vorbreitet

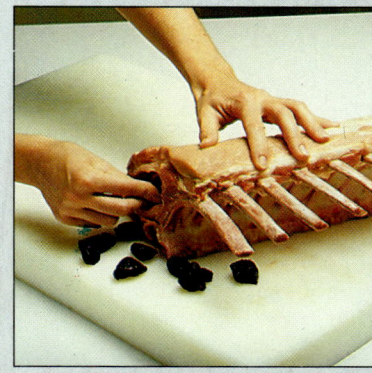

Der Schweinerücken wird mit Backpflaumen gefüllt

So löst man das Fleisch richtig aus

Anstelle des ausgelösten Fleisches dekoriert man das Gemüse

BRATENPLATTE MIT GEFÜLLTEN ESSIGGURKEN

Für 8 Personen:

500 g Roastbeef

500 g Schweinerücken

500 g Kalbsnuß

Salz, Pfeffer

Öl zum Braten

1 kleines Glas Mixed Pickles

8 Essiggurken

Grüne Sauce (siehe Seite 168)

Remouladensauce
(siehe Seite 169)

Zeitangaben:
Zubereitung: 50 Minuten
(ohne Auskühlen)
Anrichten: 15 Minuten

Zubereitung:

1. Das Fleisch zum Braten vorbereiten. Eventuelle Sehnen und Häute entfernen. Die Fleischstücke unter fließendem Wasser waschen und gut abtrocknen, dann mit Küchengarn binden, damit sie die Form halten.
2. Die einzelnen Fleischstücke mit Salz und Pfeffer würzen. Öl in einer Pfanne erhitzen und die Fleischstücke von allen Seiten gleichmäßig anbraten.
3. Die Fleischstücke zusammen auf einem Gitter in den vorgeheizten Backofen geben und bei 200° C fertig braten. Roastbeef dauert je nach Stärke 20 bis 30 Minuten, Schweinerücken und Kalbsnuß etwa 25 Minuten. Genau läßt sich der Garpunkt des Fleisches mit einem Fleischthermometer feststellen. Bei Roastbeef sollte die Temperatur im Inneren 60 bis 70° C betragen, bei Kalbsnuß und Schweinerücken 85 bis 90° C. Eine weitere Möglichkeit, den optimalen Garpunkt festzustellen, ist die Nadelprobe. Hier stechen Sie mit einer Spicknadel oder Dressiernadel in den Braten und ziehen die Nadel dann über die Lippe. Die Nadel sollte bei Kalb und Schwein heiß sein, bei Roastbeef allerdings nur gut warm.
4. Das Fleisch nach dem Braten gut auskühlen lassen.
5. Für die Garnitur die Mixed Pickles abgießen, eventuell in kleinere Stücke teilen und anschließend trockentupfen. Von den Essiggurken längs einen Deckel abschneiden. Die Kerne entfernen und die Mixed Pickles einfüllen.

Anrichten:

6. Das erkaltete Fleisch mit einem scharfen Messer aufschneiden. Das Roastbeef nicht zu dünn schneiden.
7. Die Essiggurken in der Mitte über die Länge der Platte diagonal anordnen und den Braten rechts und links auflegen. Das Roastbeef der Länge nach falten und, dem Verlauf der Platte folgend, leicht überlappend auflegen.

Damit das Fleisch beim Braten die Form behält, wird es mit Küchengarn gebunden

Das Fleisch muß vollständig ausgekühlt sein, bevor Sie es aufschneiden

96

8. Nun den Kalbsbraten oberhalb der Essiggurken anordnen. Dafür die Scheiben etwa zur Hälfte überlappend, dem Verlauf der Platte folgend, in einer Reihe auflegen. Die restlichen Scheiben der Länge nach zusammenfalten und die beiden Enden halbkreisförmig zu Rosen zusammenführen. Die Kalbsbratenrosen in einer zweiten Reihe mit der Öffnung zu den Essiggurken hin anordnen.

Mit Daumen und Zeigefinger formen Sie die Kalbsbratenrosen

9. Zum Schluß den aufgeschnittenen Schweinebraten in der Mitte zusammenfalten und zwischen den Gewürzgurken und dem Roastbeef leicht überlappend auflegen.

10. Die Saucen in Saucieren oder Schälchen füllen und mit der Bratenplatte anrichten.

ROHER UND GEKOCHTER SCHINKEN MIT VERSCHIEDENEN MELONEN

1 Honigmelone

1 Ogen-Melone

1 Cantaloupe-Melone

500 g gekochter Schinken, geschnitten

500 g roher Schinken, geschnitten

Zeitangaben:
Zubereitung: 20 Minuten
Anrichten: 15 Minuten

Zubereitung:

1. Die Honigmelone längs halbieren und das Kerngehäuse mit einem Teelöffel entfernen. Beide Melonenhälften je nach Größe in 8 bis 10 gleichgroße Spalten schneiden und die Schale entfernen.
2. Die Ogen-Melone in 2 Drittel-Höhe quer aufschneiden und die Kerne entfernen. Die Schnittflächen einzacken.
3. Die Cantaloupe-Melone längs halbieren und die Kerne entfernen. Das Fruchtfleisch mit einem Kugelausstecher ausstechen und die Melonenkugeln in die vorbereitete Ogen-Melone füllen. Den Deckel der Melone halb darauf setzen.

Anrichten:

4. Nun die Melonen mit dem Schinken auf einer runden Platte anrichten.

Die Spalten der Honigmelone in einem Kreis am Rand anordnen. Anschließend den gekochten Schinken auflegen. Dafür die Schinkenscheiben einmal in der Mitte zusammenfalten und leicht überlappend im Kreis anrichten. Danach den rohen Schinken ebenso auflegen.

5. In die Mitte der Platte die gefüllte Ogen-Melone setzen.

SCHINKENTORTE VON GEKOCHTEM SCHINKEN MIT GEFÜLLTEN ZUCCHINI

Für 8 Personen:

12 Blatt Gelatine

500 g gekochter Schinken, geschnitten

100 g roher Schinken, geschnitten

200 g Geflügelsauce (siehe Seite 174)

20 ml Madeira oder Portwein

200 g Sahne

2 Zucchini

2 Karotten

1 kleine Sellerieknolle

4 gefüllte Oliven

Salz, Pfeffer

Essig, Öl

100 g Fleischaspik

Zeitangaben:
Am Vortag zubereiten
Zubereitung: 1 Stunde und
10 Minuten (ohne Auskühlen)
Anrichten: 20 Minuten

 TIP

Diese Platte können Sie noch mit rohem oder gekochtem Schinken ergänzen. Die Rezeptur für die Schinkenmousse können Sie auch für andere Fleischprodukte verwenden.

Zubereitung:

1. Die Gelatine in kaltem Wasser einweichen und anschließend ausdrücken.
2. Vom gekochten Schinken 2 Scheiben zum Garnieren zurück lassen. Den gekochten und den rohen Schinken klein schneiden und zweimal durch die feine Scheibe des Fleischwolfes drehen.
3. Anschließend mit der dick gehaltenen Geflügelsauce verrühren und durch ein Haarsieb passieren.
4. Die ausgedrückte Gelatine erwärmen, bis sie sich aufgelöst hat. Mit einem Schneebesen unter die Schinkenmasse rühren und mit Madeira oder Portwein abschmecken.
5. Die Masse kühl stellen, bis sie beginnt anzudicken.
6. In der Zwischenzeit die Sahne steif schlagen. Anschließend den Boden einer Form mit Pergamentpapier auslegen.
7. Wenn die Masse anfängt zu stocken, die geschlagene Sahne unterheben.
8. Von dem Mousse 2 Eßlöffel abnehmen, den Rest in die vorbereitete Form geben und mindestens einen Tag kalt stellen.
9. Die beiden zurückgelassenen Scheiben Schinken vierteln, zu Tüten drehen und mit dem verbliebenen Schinkenmousse füllen, ebenfalls kalt stellen.
10. Am nächsten Tag das Gemüse zum Garnieren vorbereiten. Dafür die Zucchini in je 4 gleich große Stücke schneiden und diese etwas aushöhlen. Anschließend in Salzwasser knackig blanchieren.

11. Die Karotten und die Sellerieknolle waschen und schälen.

12. Von den Karotten 8 dünne Scheiben abschneiden und diese mit einem gezackten Ausstecher rund ausstechen.

13. Mit einem Perlausstecher aus den Karotten und der Sellerieknolle kleine Kugeln ausstechen und diese ebenfalls in Salzwasser blanchieren.

14. Die gefüllten Oliven quer halbieren und mit der runden Seite nach innen in die Schinkentüten drücken.

15. Die ausgestochenen Karottenscheiben auf die Schinkentüten setzen.

16. Die Gemüseperlen trockentupfen, mit Salz, Pfeffer, Essig und Öl würzen und in die vorbereiteten Zucchini füllen.

Anrichten:

17. Damit sich die Torte leicht stürzen läßt, mit einem Messer am Rand der Form entlangfahren. Nun das Mousse stürzen und das Papier abziehen. Die Schinkentorte nach Belieben mit etwas Fleischaspik überglänzen.

18. Das Mousse mit einem scharfen, heißen Messer wie eine Torte in 8 Stücke schneiden. Auf jedes Stück eine Schinkentüte als Garnitur setzen.

19. Die einzelnen Stücke auf einer Platte im Kreis anrichten. Seitlich versetzt in die Zwischenräume die gefüllten Zucchini setzen.

Mit einem Kugelstecher werden die Zucchinistücke ausgehöhlt

Mit einem Perlausstecher werden aus den Karotten kleine Kugeln ausgestochen

ROASTBEEFPLATTE MIT GEFÜLLTEN EIERN UND BABYFENCHEL

So wird das Roastbeefschaustück garniert

Für 8 Personen:

1600 g Roastbeef

4 kleine Fenchelknollen (Babyfenchel)

2 Karotten

2 Brokkoliröschen

Salz, Pfeffer

Essig, Öl

4 Tomaten

4 hart gekochte Eier

150 g Butter

2 TL Senf

grüne gefüllte Oliven

Zeitangaben:
Vorheizen des Backofens auf 200° C
Zubereitung: 1 Stunde und 10 Minuten (ohne Auskühlen)
Anrichten: 30 Minuten

TIP

Eier sollten Sie niemals direkt auf einer Silberplatte anrichten, da sonst das Silber oxydiert. Am besten setzen Sie die gefüllten Eier auf eine Gurkenscheibe oder einen rund ausgestochenen Brotsockel. Sie können die Silberplatte aber auch zum Schutz mit geschmacksneutralem Aspik ausgießen.

Zubereitung:

1. Das Roastbeef wie auf Seite 96 beschrieben vorbereiten und braten.
2. Für die Garnitur den Babyfenchel putzen und am Strunk der Länge nach halbieren. Unten etwas abschneiden, so daß die Hälften leicht schräg nach vorne stehen.
3. Die Fenchelhälften an der Schnittfläche etwas aushöhlen. Die Karotten waschen, schälen und in 5 Millimeter große Würfel schneiden.
4. Karotten, Brokkoli und Fenchelhälften in Salzwasser blanchieren.
5. Die Karotten gut abtropfen lassen und mit Salz, Pfeffer, Essig und Öl marinieren. Anschließend den Karottensalat in die Fenchelhälften füllen.
6. Die Tomaten blanchieren, die Haut abziehen, die Früchte längs halbieren und die Kerne entfernen. Die Hälften je nach Größe in 3 oder 4 gleiche Teile schneiden.
7. Die hart gekochten Eier längs halbieren. Die Eigelbe durch ein Haarsieb streichen. Mit Butter und Senf glatt rühren und mit Salz und Pfeffer würzen.
8. Die Eiweißhälften in lauwarmem Wasser auswaschen und trockentupfen.
9. Die Eimasse mit einem Spritzbeutel mit Sterntülle in die Eihälften spritzen. Die gefüllten Eier mit einer Tomatenecke und einer Olivenscheibe garnieren.

Anrichten:

10. Die Hälfte des Roastbeefs aufschneiden.
11. Das verbleibende Stück Roastbeef mit den restlichen Tomatenecken und den Brokkoliröschen ausgarnieren.
12. Das Roastbeefschaustück in der rechten oberen Ecke der Platte schräg nach unten auflegen.
13. Die Roastbeefscheiben längs gefaltet in 2 Reihen vom Schaustück auf der Diagonalen in die gegenüberliegende Ecke laufen lassen.
14. Die gefüllten Eier im Halbkreis unterhalb und den gefüllten Fenchel oberhalb der Diagonalen anordnen.

POULARDENGALANTINE
MIT GERÄUCHERTER
TRUTHAHNBRUST
UND GLACIERTEM LAUCH

POULARDENGALANTINE MIT GERÄUCHERTER TRUTHAHNBRUST UND GLACIERTEM LAUCH

Für 8 Personen:

1 Poularde, ausgenommen etwa 1000 g

Salz, Pfeffer

Pastetengewürz (im Fachhandel erhältlich)

40 ml Cognac

100 g gekochte Rinderzunge

100 g gekochter Schinken

150 g Kalbfleisch

150 g Schweinefleisch

100 g frischer Speck

1/8 l Sahne

2 l Geflügelfond

3 Bund junger Lauch

100 g Zucker

4 EL Essig

etwas Wasser

Für die Garnitur der Galantine:

1 Stange Lauch

1 Karotte

200 g Fleischaspik

200 g geräucherte Truthahnbrust, geschnitten

Zeitangaben:
Am Vortag zubereiten
Zubereitung: 2 Stunden und 50 Minuten (ohne Auskühlen)
Anrichten: 15 Minuten

Zubereitung:

1. Die Flügelknochen am zweiten Gelenk von der Spitze her abtrennen.
2. Die Haut an den Keulen oberhalb des Fußgelenkes einschneiden, ohne daß die Sehnen durchtrennt werden.
3. Mit dem Messerrücken den Knochen am Schnitt durchschlagen und den Knochen mit den Sehnen aus der Keule ziehen. Gegebenenfalls mit dem Messer durch Schaben an der Sehne nachhelfen.
4. Die Poularde auf die Brust legen und auf der Rückseite in der Mitte vom Halsansatz zum Hinterteil bis auf die Knochen einschneiden.
5. Nun das Fleisch von der Karkasse (dem Gerippe) lösen. Auf der rechten Seite beginnen. Von innen her die Flügelknochen am Gelenk durchtrennen, an der Karkasse weiterschneiden und die Gelenke der Keulen ebenfalls durchtrennen.
6. Jetzt immer an der Karkasse entlang bis zum Brustbein schneiden.
7. Nun das Fleisch der linken Seite ebenso von der Karkasse lösen.
8. Die Karkasse kann jetzt vom Fleisch gezogen werden.
9. Die Poularde gleichmäßig auslegen und beide Flügelknochen entfernen, indem man den Flügelknochen von der Hautseite her in das Fleisch schiebt und den Knochen freischabt.
10. Auf die gleiche Art werden die Keulenknochen entfernt.
11. Die Poularde jetzt ausrichten, das heißt, es sollte ein Rechteck entstehen. Die beiden Brustfilets in die Leerräume auf die Haut legen, so daß alle Teile der Haut mit Fleisch bedeckt sind.
12. Die Keulen durch leichte Querschnitte leicht einschneiden, damit sie sich beim Pochieren (Garen) nicht verziehen.
13. Die so präparierte Poularde mit Salz, Pfeffer und Pastetengewürz sowie einigen Spritzern Cognac marinieren.
14. Nun die Farce herstellen. Dafür die gekochte Rinderzunge und den gekochten Schinken in kleine Würfel schneiden und kalt stellen.
15. Kalbfleisch, Schweinefleisch und Speck getrennt klein schneiden, mit Salz, Pfeffer, Pastetengewürz und Cognac marinieren.
16. Anschließend Kalbfleisch, Schweinefleisch und Speck einzeln zweimal durch den Fleischwolf lassen, ansonsten in einer Küchenmaschine jede Sorte für sich pürieren und kalt stellen.
17. Kalbfleisch und Schweinefleisch zusammen am besten auf Eis glatt rühren. Nach und nach den Speck zugeben. Zum Schluß die Sahne unterrühren. Mit Salz, Pfeffer, Pastetengewürz und Cognac abschmecken.
18. Zum Schluß die Rinderzunge und den Schinken unterheben.

Man trennt die Flügelknochen am zweiten Gelenk ab

Mit dem Messerrücken schlägt man den Knochen am Schnitt durch und zieht den Knochen mit den Sehnen heraus

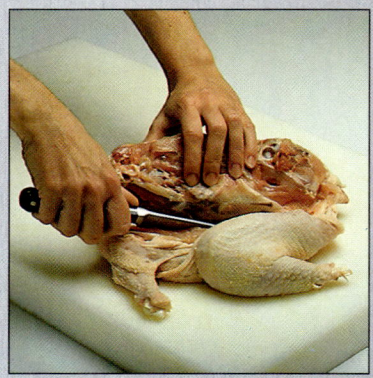

Man legt die Poularde auf die Rückenseite und löst das Fleisch entlang der Karkasse aus

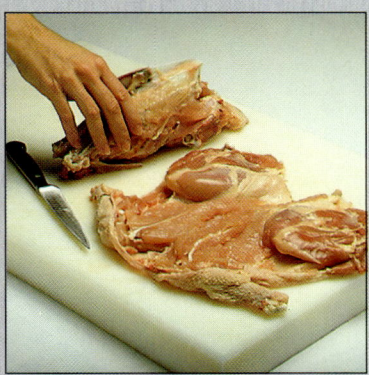

Nun kann man das Fleisch von der Karkasse ziehen

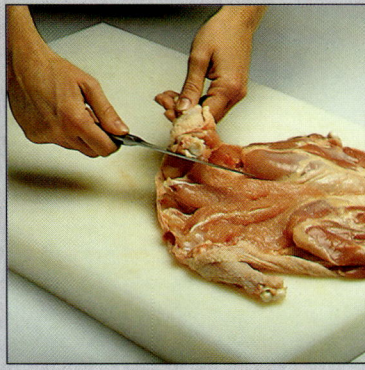

Man löst nun die Flügelknochen, indem man sie von außen, von der Hautseite, nach innen durchsteckt

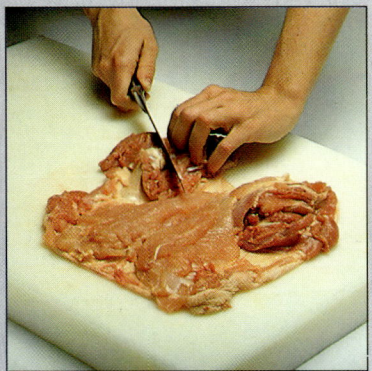

Damit die Fläche gleichmäßig wird, schneidet man das Keulenfleisch mit einigen Querschnitten leicht ein

19. Jetzt wird die Poularde mit der Farce gefüllt und anschließend zum Garen (Pochieren) vorbereitet. Die Farce auf die ausgebreitete, ausgelöste Poularde gleichmäßig aufstreichen.

20. Die Poularde von der Seite der beiden Keulen aus einrollen. Die Rolle in Klarsichtfolie einwickeln, an den Enden verschließen und mit Küchengarn binden.

21. Die Galantine bei etwa 80° C im Geflügelfond 1 Stunde garen (pochieren) und in der Brühe erkalten lassen.

22. Am nächsten Tag die Garnituren vorbereiten. Den jungen Lauch putzen, waschen und auf etwa 8 Zentimeter zurechtschneiden.

23. Den Zucker in einem Topf erhitzen, leicht karamelisieren, mit Essig ablöschen und mit Wasser auffüllen. Aufkochen lassen und mit Salz würzen.

24. Den Lauch in diesem Fond ziehen und erkalten lassen.

25. Inzwischen die Galantine auswickeln und 8 Scheiben abschneiden. Die Scheiben und den ganzen Teil der Galantine nach Belieben mit Fleischaspik leicht überglänzen.

26. Die Lauchstange längs halbieren und waschen. Die Karotte waschen und schälen.

27. Vom Grünen des Lauchs 2 lange Streifen abschneiden, den Rest in Rauten schneiden.

28. Die Karotte in Scheiben schneiden und mit einem runden gezackten Ausstecher die Scheiben ausstechen.

29. Lauch und Karotten blanchieren.

30. Mit diesen Zutaten eine Blume auf die Poulardengalantine garnieren.

Anrichten:

31. Die Galantine schräg, mit der Anschnittstelle nach unten, in die linke obere Ecke der Platte legen.

32. Die Scheiben von der Galantine aus im Halbkreis in der rechten oberen Ecke der Platte leicht überlappend anrichten.

33. Die geräucherte Truthahnbrust unterhalb der Galantine, dem Halbkreis folgend, auflegen.

34. Den glacierten Lauch kegelförmig mit dem Grünen nach oben über der Galantine anrichten. Dazu eine Cumberlandsauce servieren.

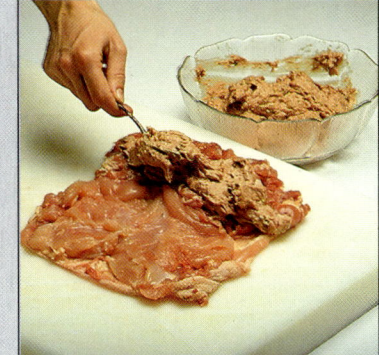

Die Farce wird auf die ausgebreitete Poularde gestrichen

GEBRATENE ENTE MIT MANGOSPALTEN

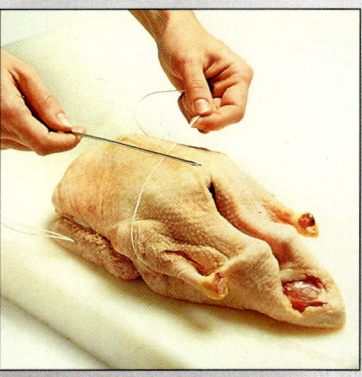

Man bindet die Ente, damit sie beim Braten die Form behält

Für 8 Personen:

1 Ente, ausgenommen, etwa 1200 g

Salz, Pfeffer

Öl zum Braten

4 Entenbrüste à 200 g

4 Blatt Gelatine

200 g Waldorfsalat (siehe Seite 134)

2 Orangen

100 g Fleischaspik

300g Trauben

etwas Angelika

3 Mangofrüchte

Zeitangaben:
Vorheizen des Backofens auf 200° C
Zubereitung: 1 Stunde und 10 Minuten (ohne Auskühlen)
Anrichten: 40 Minuten

TIP

Als Angelika bezeichnet man die kandierten Blattstiele des Engelwurzes. Der Engelwurz ist ein Heil- und Gewürzkraut, das bei der Herstellung von Likören vielfach Verwendung findet. Zum Würzen wird es heute weniger verwendet. Die kandierten Blattstiele allerdings werden gern zum Garnieren von Süßspeisen genutzt. Angelika bekommen Sie in Feinkostgeschäften.

Zubereitung:

1. Die Ente zum Braten vorbereiten. Etwaige Federkiele entfernen und die Ente außen und innen waschen. Anschließend trockentupfen und mit Salz und Pfeffer würzen.
2. Die Ente mit Küchengarn und Dressiernadel binden, damit sie beim Braten die Form hält. Dazu mit der Nadel durch die Keulen stechen, das Garn durchziehen, und vorne durch die Flügelknochen stechen, das Garn weiter ziehen und an der Seite der Ente die beiden Garnenden zusammenbinden.
3. Die Ente auf beiden Brustseiten in Öl leicht anbraten, auf den Rücken legen und im Backofen bei etwa 200° C fertig braten. Die Bratzeit beträgt etwa 45 Minuten.
4. Nun die Entenbrüste zum Braten vorbereiten. Eventuell an der Fleischseite befindliche Sehnen entfernen. Das Fleisch mit Salz und Pfeffer würzen und mit der Hautseite zuerst in den Bräter zu der Ente legen.
5. Nach etwa 5 Minuten die Entenbrüste wenden und weitere 5 Minuten braten. Nach dem Braten Entenbrüste und Ente gut auskühlen lassen.

Anrichten:

6. Das Küchengarn vorsichtig entfernen und die Ente an der Rückseite gerade schneiden, damit sie gut steht.
7. Die Entenbrüste auslösen und jeweils in 12 gleichmäßige Scheiben (Tranchen) schneiden.
8. Die Gelatine in kaltem Wasser einweichen, anschließend ausdrücken und erwärmen, bis sie sich vollständig aufgelöst hat.
9. Den Waldorfsalat mit der aufgelösten Blattgelatine binden und damit die ursprüngliche Form der Entenbrüste wieder herstellen.
10. Nun die Entenscheiben abwechselnd auf der linken und rechten Seite leicht überlappend auflegen. Dabei mit der kleinsten Scheibe hinten beginnen. Für besseren Halt die Scheiben kurz durch fast kalten Fleischaspik ziehen.
11. Die Orangen filetieren und die Filets trockentupfen.
12. Jeweils 2 Filets gegenüberliegend in der Mitte der Ente von vorn nach hinten auflegen. Zwischen die Orangenfilets halbierte Trauben setzen.
13. Aus dem Angelika Rauten schneiden und diese links und rechts neben den Trauben einstecken.
14. Die so garnierte Ente nach Belieben ganz leicht mit dem restlichen Fleischaspik einpinseln.
15. Nun die Entenbrüste quer zur Fleischfaser in Längsrichtung aufschneiden.
16. Die Mangos in gleichmäßigen Spalten vom Stein schneiden und die Schale entfernen.

Links und rechts des Brustbeins werden die Entenbrüste ausgelöst

17. Die Ente in die Mitte der Platte an den oberen Rand setzen. Die Entenbrustscheiben links und rechts, dem Plattenrand folgend, leicht übereinanderliegend auflegen.

18. Die Mangospalten unterhalb der Ente in einem Kreis auflegen. In die Mitte die restlichen abgezupften Trauben legen. Zu dieser Platte paßt eine Orangensauce ganz ausgezeichnet.

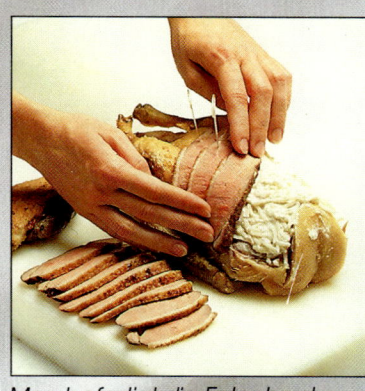

Man befestigt die Entenbrustscheiben vorübergehend mit einigen Spießchen

KALBSCARRÉ UND KALBSMEDAILLONS MIT GEMÜSETERRINE

Für 8 Personen:

2500 g Kalbscarré (Kalbsrückenstück)

Salz, Pfeffer

Öl zum Braten

400 g Kalbsfilet

2 Zucchini

20 Champignonköpfe

Saft von 2 Zitronen

50 g feine Kalbsleberwurst

40 g Butter

10 ml Portwein

200 g Fleischaspik

Gemüseterrine (siehe Seite 43)

Zeitangaben:
Vorheizen des Backofens auf 180° C
Zubereitung: 1 Stunde und 30 Minuten (ohne Auskühlen)
Anrichten: 40 Minuten

Zubereitung:

1. Mit dem Vorbereiten des Fleisches beginnen. Am Kalbscarré die Knochen sauber putzen und am Fleisch alle Fett- und Sehnenreste entfernen.
2. Das Carré mit Küchengarn binden, mit Salz und Pfeffer würzen und auf der Fleischseite gleichmäßig in Öl anbraten.
3. Im Backofen bei 180° C fertig braten. Die Bratzeit beträgt etwa 60 Minuten. Zum Überprüfen die Nadelprobe machen. Das Kalbscarré sollte noch ganz leicht rosa sein.
4. Am Kalbsfilet ebenfalls Fett- und Sehnenreste entfernen. Salzen und pfeffern und das Filet zusammen mit dem Kalbscarré im Backofen braten. Des öfteren wenden. Die Bratzeit beträgt etwa 15 Minuten bei 180° C. Anschließend beide Fleischteile gut auskühlen lassen.
5. Inzwischen die Garnitur vorbereiten. Dafür die Zucchini waschen und in etwa 3 Zentimeter lange Stücke schneiden. Diese vierteln und rund zuschneiden (tournieren), anschließend in Salzwasser knackig blanchieren.
6. Die Champignonköpfe tournieren, in Zitronenwasser kochen und erkalten lassen.
7. Die Kalbsleberwurst und die Butter mit dem Schneebesen glatt rühren und mit Portwein abschmecken.
8. Nun das Kalbsfilet und das Kalbscarré zum Anrichten vorbereiten. Das Kalbsfilet leicht schräg in 8 gleichgroße Medaillons schneiden.
9. Mit einem Spritzbeutel mit Sterntülle das Lebermousse aufspritzen und die Medaillons mit je einem tournierten Champignonkopf und einem Zucchino ausgarnieren.

Anrichten:

10. Das Kalbscarré auslösen und das Fleisch in 8 gleiche Scheiben schneiden.
11. Die Kalbsmedaillons und Kalbfleischscheiben nach Belieben ganz dünn mit fast kaltem Fleischaspik überglänzen.
12. Die Gemüseterrine in 8 Tranchen schneiden und diese halbieren.
13. Das ausgelöste Teil des Kalbscarrés in der linken oberen Ecke der Platte, schräg zur Mitte laufend, auflegen.
14. Die Kalbscarréscheiben, auf der Karkasse beginnend, leicht übereinanderliegend in die Mitte der Platte laufen lassen.
15. Die Terrinenscheiben rund um das Kalbscarré legen und die Kalbsmedaillons am rechten Plattenrand anrichten.
16. Zum Schluß in der rechten oberen Ecke die Champignons und die Zucchini auflegen.

 TIP

Die Gemüseterrine sollten Sie bereits am Vortag zubereiten.

Die Champignons werden so tourniert, daß ein spiralförmiges Muster entsteht

Die Zucchini werden so tourniert, daß immer ein Stück Schale erhalten bleibt

MEDAILLONS VOM KALB-, RIND-, SCHWEIN- UND HIRSCHFILET

Man bindet die Medaillons, damit sie auch beim Braten schön rund bleiben

Für 8 Personen:

400 g Kalbsfilet

400 g Schweinefilet

Salz, Pfeffer

Öl zum Backen

400 g Rinderfilet

400 g Hirschfilet

160 g Butter

40 ml Madeira oder Cognac

1 Orange

100 g Kalbsbries

120 g Brokkoli

8 Champignonköpfe

Saft von 1 Zitrone

1 Zucchino

2 Scheiben Ananas

8 Walnußkerne

Pistazien

Zeitangaben:
Vorheizen des Backofens auf 200 g° C
Zubereitung: 1 Stunde und 40 Minuten (ohne Auskühlen)
Anrichten: 5 Minuten

 TIP

Zu den Medaillons eine Orangen- und eine Tiroler Sauce servieren.

Zubereitung:

1. Mit dem Vorbereiten der Filets beginnen. Das Kalbs- und Schweinefilet in 10 Medaillons schneiden.
2. Die Medaillons mit Küchengarn binden, mit Salz und Pfeffer würzen und in der Pfanne in Öl etwa 5 Minuten rosa braten.
3. Die Medaillons aus der Pfanne nehmen und auskühlen lassen.
4. Das Rinder- und Hirschfilet im Stück mit Küchengarn binden. Mit Salz und Pfeffer würzen und in der Pfanne in Öl anbraten. Im Backofen bei 200° C fertig braten. Die Bratzeit beträgt etwa 8 Minuten.
5. Das Rinder- und Hirschfilet aus der Pfanne nehmen und vollständig auskühlen lassen.
6. Rinder- und Hirschfilet nach dem Auskühlen leicht schräg in je 8 gleich große Medaillons schneiden. Die Abschnitte an den Enden getrennt halten.
7. Nun die Garnitur vorbereiten. Dafür die Abschnitte von Rinder- und Hirschfilet sowie 2 Kalbs- und Schweineme- daillons getrennt im Mixer oder mit dem Pürierstab pürieren und mit je 40 g Butter aufarbeiten. Jeweils mit einem Spritzer Madeira oder Cognac, Salz und Pfeffer würzen.
8. Die Orange schälen und filetieren.
9. Das Kalbsbries enthäuten, putzen, mit Salz und Pfeffer würzen und in Klarsichtfolie wie eine Rolle einwickeln. Die Folie an den Enden zusammenbinden und die Rolle in Salzwasser etwa 5 Minuten kochen lassen.
10. Die Brokkoli waschen, in 8 Röschen teilen und in Salz- wasser blanchieren.
11. Die Champignons rund zuschneiden (tournieren) und in Zitronenwasser kurz kochen.
12. Den Zucchino in 3 Zentimeter lange Stücke schneiden. Diese dritteln und oval zuschneiden, so daß ein Stück Schale daran bleibt. Anschließend in Salzwasser kurz blanchieren.
13. Die Ananasscheiben schälen und vierteln.
14. Nun die Medaillons garnieren. Dafür bei den Kalbs- und Schweinemedaillons das Küchengarn entfernen. An- schließend auf alle Medaillons das zugehörige Mousse mit einer Sterntülle spritzen.
15. Die Hirschmedaillons mit einem Orangenfilet und einer halben Walnuß garnieren.
16. Das Kalbsbries auswickeln und in 8 Scheiben schneiden. Die Kalbsmedaillons mit einer Scheibe Kalbsbries und einem Brokkoliröschen garnieren.
17. Die Rindermedaillons mit den Zucchini und Champi- gnonköpfen garnieren.
18. Die Schweinemedaillons mit den Ananasvierteln und Pistazien garnieren.

19. Die Hirschmedaillons von der rechten oberen Ecke der Platte diagonal in die linke untere Ecke legen.

20. Oberhalb der Diagonale Schweinemedaillons und unterhalb Kalbsmedaillons parallel anordnen.

21. Anschließend die Rindermedaillons parallel zu den Kalbs- und Schweinemedaillons anrichten.

Das Küchengarn wird entfernt und das Mousse aufgespritzt

REHSCHINKEN MIT HASENPASTETE

Die Hasenfilets liegen unter den Rippenknochen

Für 8 Personen:

2 Hasenkeulen

200 g Kalbfleisch

200 g Schweinefleisch vom Hals

Salz, Pfeffer

Pastetengewürz

etwas Cognac

350 bis 400 g Hasenrücken

Öl zum Braten

200 g Sahne

50 g Schinkenwürfel

50 g Pistazien

200 g frischer (grüner) Speck, dünn geschnitten

Pastetenteig:

400 g Mehl

1 Prise Salz

140 g festes Schmalz

etwas Wasser

2 Eigelb

250 g Fleischaspik

400 g Rehschinken, geschnitten

Zeitangaben:
Vorheizen des Backofens auf 250° C
Zubereitung: 1 Stunde und 50 Minuten (ohne Auskühlen)
Anrichten: 10 Minuten

Zubereitung:

1. Die Hasenkeulen von der Haut befreien und die Knochen auslösen. Grobe Sehnen entfernen und das Fleisch in kleine Würfel schneiden.
2. Das Kalbfleisch und das Schweinefleisch separat in kleine Würfel schneiden, mit Pfeffer, Pastetengewürz und etwas Cognac marinieren. Das in Würfel geschnittene Hasenfleisch ebenfalls marinieren.
3. Die Rückenfilets des Hasenrückens auslösen und die Haut abziehen.
4. Die Hasenfilets unter den Rippenknochen auslösen und zu dem marinierten Hasenfleisch geben.
5. Die Hasenrückenfilets auf die Länge der Pastetenform zuschneiden. Mit Salz und Pfeffer würzen und rund herum in Öl anbraten. Aus der Pfanne nehmen und abkühlen lassen.
6. Die marinierten Fleischsorten nacheinander mit dem Pürierstab oder im Mixer unter Zugabe von Salz, Pfeffer, Pastetengewürz und Sahne pürieren.
7. Die Fleischsorten zusammen glatt rühren und eventuell nachwürzen. Die Schinkenwürfel und die Pistazien darunterheben. Die Farce kühl stellen.
8. Die beiden angebratenen Hasenfilets nach Belieben in grünem Speck einrollen.
9. Nun den Pastetenteig zubereiten. Dafür das Mehl sieben und das Salz dazugeben.
10. Das feste Schmalz in Würfel schneiden, auf das Mehl legen und zusammendrücken wie für Streusel.
11. Das kalte Wasser dazugeben und alles zu einem glatten Teig verkneten. Den Teig nicht zu lange kneten, da er sonst zäh wird. Der Teig kann anschließend sofort ausgerollt werden.
12. Dreiviertel des Teiges gleichmäßig zu einem 5 Millimeter starken Rechteck ausrollen. Beim Ausrollen darauf achten, daß der Teig beim Einlegen in die Kastenform an jeder Seite etwa 2 Zentimeter überlappt.
13. Die Kastenform jetzt mit grünem Speck ebenso auslegen und die Hälfte der Farce in die vorbereitete Kastenform füllen.
14. Nun die beiden Rückenfilets längs einlegen und mit dem Rest Farce bis oben auffüllen.
15. Mit einem Spatel glatt streichen und die Form mehrmals kräftig aufstoßen, damit eventuell vorhandene Luftlöcher geschlossen werden.
16. Den überlappenden Speckrand zur Mitte hin einschlagen, so daß eine geschlossene Speckdecke entsteht.

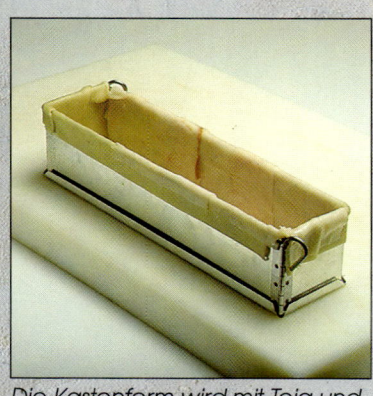

Die Kastenform wird mit Teig und Speck ausgelegt

17. Den überlappenden Teig an den beiden schmalen Seiten abschneiden. Den Teig an den Längsseiten zur Mitte hinziehen, so daß er vom Rand her gleichmäßig dünner wird.
18. Die Eigelbe mit etwas Wasser verquirlen und den Teig damit bestreichen.
19. Den restlichen Pastetenteig zu einem Rechteck ausrollen und auf die Pastete legen, gut andrücken und an der Kante mit einem Messer abschneiden. Den Teig rundherum fest andrücken.
20. Mit einem runden Ausstecher zwei Öffnungen in den Deckel stechen und mit Teigresten verzieren. Die Pastete mit dem restlichen Eigelb bepinseln. Aus Alufolie 2 Kamine formen und in die Öffnungen setzen. Die Kamine verhindern ein Platzen des Teiges, da durch diese der entstehende Dampf entweichen kann.
21. Die Pastete bei etwa 250° C im Ofen 10 Minuten anbacken und dann auf 180° C zurückschalten und weitere 30 Minuten backen. Die Oberfläche der Pastete mit Folie abdecken, damit sie nicht zu dunkel wird. Zum Überprüfen des Garzustandes die Nadelprobe machen.
22. Die Pastete aus dem Ofen nehmen und auskühlen lassen, dabei sinkt sie etwas in sich zusammen.
23. Jetzt wird mit fast kaltem Fleischaspik der entstandene Raum zwischen Fleisch und Teig ausgegossen, bis er an den Öffnungen (Kaminen) überläuft.
24. Nun die Pastete auskühlen lassen und anschließend aus der Form stürzen. Eventuelle Risse im Teig mit kalter Butter verschließen.

Anrichten:

25. Von der Pastete den Anschnitt entfernen und 8 gleichmäßig starke Scheiben abschneiden.
26. Die Pastete in der linken oberen Ecke der Platte mit der Schnittfläche zur Mitte hin anrichten.
27. 5 Pastetenscheiben, der Richtung der Pastete folgend, leicht übereinanderliegend anrichten.
28. Die restlichen 3 Scheiben längs halbieren und in der rechten oberen Ecke parallel zur Pastete leicht überlappend anrichten.
29. Den aufgeschnittenen Rehschinken reihenweise zwischen den Pastetenreihen auflegen.

Die mittlere Schicht der Pastete bilden die angebratenen Rückenfilets

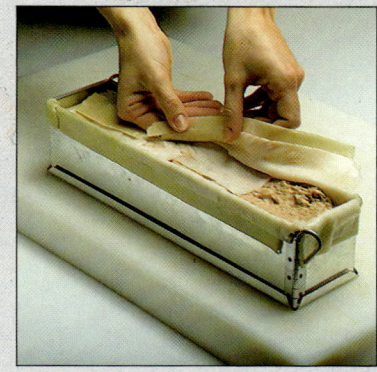

Der überlappende Speck wird zur Mitte hin eingeschlagen

Kamine aus Alufolie sorgten dafür, daß Dampf entweichen kann

REHRÜCKEN
MIT FRISCHEN FEIGEN UND GEFÜLLTEN BIRNEN

Für 8 Personen:

2000 g Rehrücken (Mittelstück)

Salz, Pfeffer

Öl

4 Birnen

Zucker

100 ml Weißwein

Saft von 1 Zitrone

160 g Pfifferlinge

1 Zwiebel

Essig

etwas Feldsalat

8 frische Feigen

100 g feine Kalbsleberwurst

70 g Butter

20 ml Cognac oder Madeira

6 bis 8 Blatt Gelatine

300 g Waldorfsalat (siehe Seite 134)

100 g Fleischaspik

einige Mandarinenfilets und Pistazien zum Garnieren

Zeitangaben:
Vorheizen des Backofens auf 220° C
Zubereitung: 1 Stunde und 40 Minuten (ohne Auskühlen)
Anrichten: 15 Minuten

TIP

Die Platte kann sehr gut mit Reh- oder Hirschschinken ergänzt werden. Zum Rehrücken eine Orangen- oder Cumberlandsauce servieren.

Zubereitung:

1. Den Rehrücken zum Braten vorbereiten. Dafür die Haut des Rehrückens mit einem scharfen Messer abziehen.
2. Einen Drahtspieß durch den Rückenknochen stecken, den Rehrücken mit Salz und Pfeffer würzen und auf der Fleischseite in Öl anbraten. Den Drahtspieß verwendet man, damit sich das Fleisch beim Braten nicht verzieht.
3. Den Rehrücken bei 220° C im Backofen fertig braten. Die Bratzeit beträgt etwa 20 Minuten. Den Rehrücken sofort aus der Pfanne nehmen und kalt stellen. Anschließend den Drahtspieß entfernen.
4. Inzwischen die Garnitur vorbereiten. Die Birnen schälen und halbieren, so daß an jeder Hälfte noch ein Teil des Stieles ist. Mit einem Kugelausstecher das Kerngehäuse entfernen.
5. Die Birnenhälften in Zuckerwasser mit Weißwein und dem Zitronensaft blanchieren und in diesem Fond erkalten lassen.
6. Inzwischen die Pfifferlinge putzen und waschen. Die Zwiebel schälen und fein würfeln. Beides zusammen kurz in Öl anschwitzen. Sofort aus der Pfanne nehmen und mit Salz, Pfeffer, Essig und Öl würzen.
7. Die Birnenhälften trockentupfen, mit einem Blättchen Feldsalat garnieren und den Pfifferlingsalat einfüllen.
8. Die Feigen am Strunk abschneiden und das Fruchtfleisch mit einem Löffel als Ganzes aus der Schale lösen.
9. Die Kalbsleberwurst mit der Butter glatt rühren und mit Cognac oder Madeira abschmecken.
10. Nun den Rehrücken zum Anrichten vorbereiten. Die Rückenfilets auslösen.
11. Die Gelatine in kaltem Wasser einweichen, ausdrücken und leicht erwärmen, bis sie sich aufgelöst hat. Nun die Gelatine unter den Waldorfsalat rühren. Die Gelatine sollte nicht zu kalt sein, sonst gibt es Klumpen.
12. Mit dem Waldorfsalat nun die ursprüngliche Form des Rehrückens wieder herstellen.
13. Beide Rückenfilets leicht schräg gegeneinander in etwa 5 Millimeter starke Scheiben (Tranchen) schneiden.
14. Von hinten beginnend jede Tranche durch den fast kalten Fleischaspik ziehen und die Tranchen jeweils etwas überlappend auflegen. Zum vorübergehenden Befestigen Zahnstocher verwenden. Die nicht benötigten Rückenscheiben beim Anrichten der Platte verwenden.
15. Den präparierten Rehrücken kurz kühl stellen. Anschließend die Spießchen entfernen.
16. In der Mitte in Längsrichtung das Lebermousse mit einer Sterntülle aufspritzen und mit den Mandarinenfilets und den Pistazien garnieren.

Man löst die Rückenfilets erst aus, wenn das Fleisch vollständig erkaltet ist

Mit dem Waldorfsalat wird die ursprüngliche Form des Rehrückens wiederhergestellt

Man beginnt hinten an den Rippenknochen, die Scheiben auf den Waldorfsalat zu legen

Anrichten:

17. Den Rehrücken in die linke obere Ecke der Platte setzen.
18. Auf der rechten Seite des Rehrückens parallel die Feigen anrichten.
19. Die gefüllten Birnen auf der linken Seite des Rehrückens im Bogen in die rechte obere Ecke laufen lassen.

20. Die restlichen Tranchen des Rückenfilets im freien Raum der rechten oberen und linken unteren Ecke fächerförmig anrichten.

REHFILET IM KRÄUTERMANTEL MIT GEDÜNSTETEM HERBSTGEMÜSE

Für 8 Personen:

1800 g Rehrücken (Mittelstück)

Salz, Pfeffer

Öl zum Braten

1 Bund Petersilie

1 Bund Schnittlauch

1 Bund Sauerampfer

1 Bund Borretsch

1 Bund Kerbel

100 g mageres Kalbfleisch

100 g Sahne

300 g Schweinenetz

8 rote Bete

400 g Rosenkohl

600 g Schwarzwurzeln

Zucker, Essig

Cumberlandsauce
(siehe Seite 173)

Zeitangaben:
Vorheizen des Backofens auf
200° C
Zubereitung: 120 Minuten
(ohne Auskühlen)
Anrichten: 10 Minuten

Zubereitung:

1. Den Rehrücken von Sehnen und Fett befreien. Die Rückenfilets auslösen.
2. Die Rehfilets an der Unterseite der Rippenknochen auslösen.
3. Die Rippenknochen sauber putzen, die Karkasse (das Gerippe) in der Bratröhre bei 200° C etwa 15 Minuten durchbraten und abkühlen lassen.
4. Die Kräuter putzen, waschen und fein hacken.
5. Die Rehfilets und das Kalbfleisch klein schneiden und unter Zugabe von Sahne im Mixer oder mit dem Pürierstab pürieren. Mit Salz und Pfeffer würzen.
6. Die fein gehackten Kräuter unter die Farce geben und eventuell nachwürzen.
7. Das Schweinenetz in Wasser einweichen, abtropfen lassen und ausbreiten. Das Schweinenetz in 2 Stücke teilen.
8. Jeweils mit der vorbereiteten Farce bestreichen, die Rehrückenfilets mit Salz und Pfeffer würzen, auf die Farce legen und einschlagen.
9. Die Rehrückenfilets auf ein geöltes Blech legen und im Ofen bei 200° C etwa 20 Minuten garen. Anschließend aus dem Ofen nehmen und abkühlen lassen.
10. Für die Garnitur die rote Beteknollen waschen und in Salzwasser mit einem Schuß Essig 30 Minuten kochen.
11. Aus dem Wasser nehmen, abkühlen lassen und die Schale abziehen.
12. Die Knollen unten gerade schneiden und im oberen Drittel abschneiden, aushöhlen und beiseite stellen.
13. Den Rosenkohl putzen und blanchieren.
14. Die Schwarzwurzeln waschen, schälen, nochmal waschen und ebenfalls blanchieren.
15. Den Zucker erhitzen, bis er karamelisiert. Anschließend mit Essig ablöschen, mit Wasser auffüllen und das Ganze einkochen lassen. Mit Salz und Pfeffer würzen.
16. Die Schwarzwurzeln und den Rosenkohl in der Marinade einlegen.
17. Das Gemüse abtropfen lassen und in die rote Beete füllen.

Anrichten:

18. Die beiden Rehrückenfilets in gleichmäßige Scheiben (Tranchen) schneiden.
19. Die Karkasse in der linken oberen Ecke der Silberplatte schräg zur Mitte anrichten. Eine Reihe der Scheiben (Tranchen) auf der linken Seite der Karkasse beginnend, zur Mitte der Platte hin anrichten.
20. Die restlichen Tranchen auf der rechten Seite der Karkasse in einem Bogen nach rechts oben auflegen.
21. 5 gefüllte rote Bete unterhalb und die restlichen oberhalb des Bogens anrichten. Die Cumberlandsauce in eine Sauciere füllen und mit der Platte servieren.

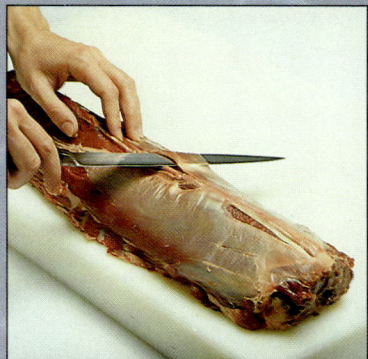

Bevor man die Rückenfilets auslösen kann, muß man den Rehrücken von den Sehnen befreien

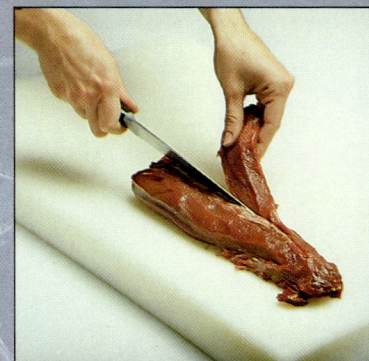

Mit einem scharfen Messer werden die Rückenfilets von den Knochen gelöst

Man legt je ein Rückenfilet auf ein mit Kräuterfarce bestrichenes Schweinenetz

KALBSLEBERPARFAIT MIT FRISÉESALAT

Für 8 Personen:

200 g Kalbsleber

30 g Mehl

4 Eier

150 ml Milch

50 g Sahne

Salz, Pfeffer, Muskat

1 Messerspitze Knoblauchgranulat

20 ml Cognac

100 ml Fleischaspik

1 Friséesalat

Essig, Öl

Zeitangaben:
Am Vortag zubereiten.
Zubereitung: 1 Stunde und
20 Minuten (ohne Auskühlen)
Anrichten: 15 Minuten

 TIP

Die Terrine am Vortag zubereiten, damit sie über Nacht gut auskühlen kann. Zur Terrine ein Briochebrot servieren.

Zubereitung:

1. Die Kalbsleber klein schneiden und im Mixer fein pürieren.
2. Das Mehl sieben und dazugeben. 2 Eier trennen und das Eigelb mit den restlichen Eiern hinzufügen. Anschließend die Milch untermischen.
3. Die Sahne steif schlagen und unter die Masse heben.
4. Mit Salz, Pfeffer, Muskat, Knoblauchgranulat und Cognac kräftig würzen.
5. Die Masse in eine ovale Terrinenform füllen und die Form mit Alufolie verschließen.
6. Im Wasserbad im Backofen bei 180° C etwa 1 Stunde garen. Zum Überprüfen des Garzustandes die Nadelprobe machen.
7. Die Terrine gut auskühlen lassen und in der Form mit Fleischaspik überziehen.

Anrichten:

8. Den Friséesalat putzen und gut waschen. Anschließend mit Salz, Pfeffer, Essig und Öl marinieren.
9. Die Terrinenform auf einer runden Platte schräg anrichten. Den marinierten Friséesalat seitlich der Terrine verteilen.
10. Mit einem angewärmten Eßlöffel aus der Terrine Klößchen abstechen und auf dem Friséesalat anrichten.

GEFLÜGELLEBERPARFAIT MIT GRÜNEM PFEFFER

Für 8 Personen:

400 g Geflügelleber

200 ml Weißwein

1 EL Portwein

1 TL Paprikapulver

150 g kalte Butter

Salz, weißer Pfeffer
aus der Mühle

1 EL grüner Pfeffer

100 g Fleischaspik

1 Friséesalat

Essig, Öl

Zeitangaben:
Zubereitung: 35 Minuten
(ohne Kühlzeit)
Anrichten: 10 Minuten

 TIP

Anstelle von Geflügelleber
können Sie auch Kalbsleber
verarbeiten.

Zubereitung:

1. Die Geflügellebern von Sehnen und Fett befreien.
2. Den Weißwein bis kurz vor dem Kochen erhitzen und die Lebern darin 3 Minuten ziehen lassen. Die Flüssigkeit abschütten und die Leber abkühlen lassen.
3. Anschließend die Lebern im Mixer fein pürieren. Den Portwein und das Paprikapulver dazugeben und dann die kalte Butter unterrühren. Mit Salz und Pfeffer würzen und die grünen Pfefferkörner hinzufügen.
4. Die Masse in eine ovale Terrinenform geben.
5. Im Kühlschrank abkühlen lassen und mit fast kaltem Fleischaspik aufgießen.

Anrichten:

6. Den Friséesalat putzen, gründlich waschen, anschließend trockentupfen und mit Salz und Pfeffer sowie Essig und Öl marinieren.
7. Die Terrinenform auf einer runden Platte schräg anrichten. Den marinierten Friséesalat seitlich der Terrine verteilen.
8. Mit einem angewärmten Eßlöffel Klößchen abstechen und auf dem Salat anrichten.

KALBSBRIESTERRINE MIT KERBELSAUCE

Für 8 Personen:

600 g Kalbsbries

Salz, Pfeffer

1 Zwiebel

2 Nelken

1 Lorbeerblatt

200 g frischer Blattspinat

1 Schalotte

2 EL Öl

Muskat

1 Knoblauchzehe

4 Eier

200 g Sahne

1 Eichblattsalat

Essig, Öl

150 g Parmaschinken

Kerbelsahne (siehe Seite 171)

Zeitangaben:
Zubereitung: 1 Stunde und
30 Minuten (ohne Auskühlen)
Anrichten: 15 Minuten

 TIP

Sie können diese Terrine auch
mit Lammbries zubereiten.

Zubereitung:

1. Das Kalbsbries mehrmals in klarem Wasser wässern und von groben Haut- und Fetteilen säubern.
2. Nun das Kalbsbries mit Salz und Pfeffer würzen und in Klarsichtfolie einrollen. Die Folie an den Enden zusammenbinden.
3. Die Zwiebel schälen, mit den Nelken und dem Lorbeerblatt spicken und in leicht gesalzenem Wasser zum Kochen bringen. Das Kalbsbries darin etwa 8 Minuten kochen, dann im Wasser erkalten lassen.
4. Den Blattspinat verlesen, die Stiele entfernen und die Blätter waschen. Anschließend die Spinatblätter in Salzwasser kurz blanchieren.
5. Die Schalotten schälen und fein schneiden. Das Öl erhitzen, die Schalotten darin anschwitzen, den Spinat dazugeben und mit Salz, Pfeffer, Muskat und etwas Knoblauch würzen. Anschließend abkühlen lassen.
6. Inzwischen eine Kastenform mit Klarsichtfolie auslegen.
7. Die Eier mit der Sahne verrühren, mit Salz, Pfeffer und etwas Muskat würzen. Den Spinat mit der Eimasse vermengen.
8. Das erkaltete Kalbsbries auswickeln und nochmals von Haut und Fett befreien.
9. Die Kastenform mit der Spinat-Ei-Masse bis etwa zur Hälfte füllen und dann das Kalbsbries einsetzen. Mit der restlichen Masse auffüllen.
10. Die Terrine mit Klarsichtfolie verschließen und im Backofen bei 150° C im Wasserbad etwa 45 Minuten garen (pochieren). Die Wassertemperatur sollte 80° C nicht überschreiten. Den Garpunkt mit der Nadelprobe überprüfen. Die Terrine aus dem Wasserbad nehmen und erkalten lassen.

Anrichten:

11. Wenn die Terrine vollständig ausgekühlt ist, den Salat putzen und waschen. Anschließend mit Salz, Pfeffer, Essig und Öl marinieren. Eine runde Platte am Rand mit dem Eichblattsalat auslegen.

12. Die Terrine stürzen und in etwa 15 Millimeter dicke Scheiben schneiden. Die Terrinenscheiben kreisförmig anordnen, so daß die Scheiben etwas auf dem Salat liegen.

13. Den Parmaschinken zu Rosen formen und in der Mitte anrichten.

14. Die Kerbelsahne in eine Sauciere oder ein Schälchen geben und dazu reichen.

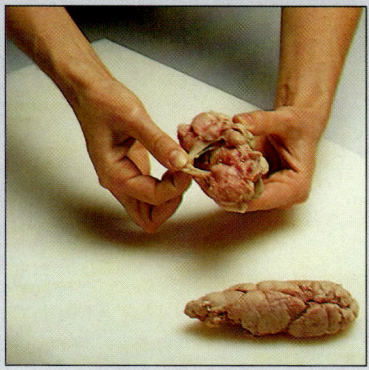

Von dem Kalbsbries werden Fett und Hautreste entfernt

Man rollt das Kalbsbries in Klarsichtfolie und dreht die Folie an den Enden zusammen

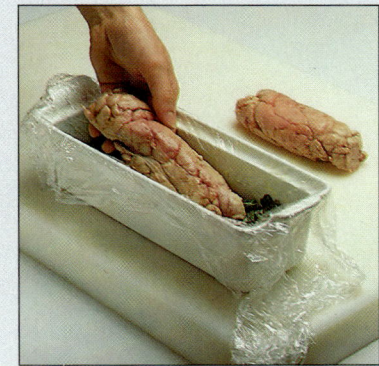

Das Kalbsbries bildet die mittlere Schicht der Terrine

GEMÜSE & SALATE

GRÜNER UND WEISSER SPARGEL MIT SCHWARZWÄLDER SCHINKEN

Zubereitung:

1. Den Spargel zum Kochen vorbereiten. Den weißen Spargel vom Kopf zum Ende gleichmäßig schälen. Die Enden etwa 1 Zentimeter abbrechen. Nun den Spargel in Portionen von etwa 200 g mit Küchengarn binden.
2. Den weißen Spargel in reichlich Wasser mit dem Zitronensaft und der Butter sowie Salz und Zucker etwa 12 Minuten kochen. Im Wasser abkühlen lassen.
3. Grüner Spargel wird in der Regel nicht geschält. Man verwendet nur den oberen Teil der Spargelstangen und schneidet die holzigen Enden großzügig bis etwa zur Mitte ab.
4. Die Spitzen werden dann in Salzwasser gekocht. Die Kochzeit richtet sich nach der Stärke der Spargelstangen und liegt in der Regel bei 5 bis 7 Minuten. Grünen Spargel nach dem Kochen in kaltem Wasser abschrecken.

Anrichten:

5. Den gekochten weißen Spargel gut abtropfen lassen, die Enden schräg abschneiden und die Stangen in der Mitte schräg halbieren. Beim grünen Spargel nur die Enden schräg abschneiden.
6. Zuerst die weißen Spargelspitzen im Kreis mit den Spitzen nach außen anrichten. Anschließend den grünen Spargel auflegen, dann die Enden des weißen Spargels.
7. Den Schwarzwälder Schinken zu Rosen formen und in der Mitte anrichten. Mit einigen Salatblättern und Schnittlauchhalmen garnieren.
8. Zu der Platte eine Ei-Kräuter-Tunke reichen.

Für 8 Personen:

2000 g weißer Spargel

Saft von 2 Zitronen

100 g Butter

Salz, Zucker

1000 g grüner Spargel

700 g Schwarzwälder Schinken

einige Salatblätter und

etwas Schnittlauch zum Garnieren

Ei-Kräuter-Tunke (siehe Seite 172)

Zeitangaben:
Zubereitung: 1 Stunde und 10 Minuten (ohne Auskühlen)
Anrichten: 20 Minuten

 TIP

Aus den Spargelabschnitten können Sie eine Spargelcremesuppe zubereiten.

TERRINE VON PFIFFERLINGEN MIT GERÄUCHERTEM LAMMSCHINKEN

Für 8 Personen:

6 Blatt Gelatine

1 Bund Petersilie

400 g frische Pfifferlinge

1 Zwiebel

2 Karotten

Öl

250 ml Fleischbrühe
(Fertigprodukt)

Salz, Pfeffer

400 g Lammschinken,
geschnitten

Zeitangaben:
Am Vortag zubereiten
Zubereitung: 60 Minuten
(ohne Auskühlen)
Anrichten: 15 Minuten

Zubereitung:

1. Die Blattgelatine in kaltem Wasser einweichen. Die Petersilie von den Stengeln zupfen, waschen und fein hacken.
2. Die Pfifferlinge putzen und waschen. Die Zwiebel schälen und fein würfeln.
3. Die Karotten waschen, schälen, in kleine Würfel schneiden und in Salzwasser knackig blanchieren.
4. Das Öl in einem Topf erhitzen, Zwiebeln und Pfifferlinge dazugeben, kurz anschwitzen und mit der Brühe auffüllen, einmal aufkochen lassen.
5. Die Karotten und die gehackte Petersilie dazugeben und die ausgedrückte Gelatine unterrühren. Mit Salz und Pfeffer abschmecken.
6. Das Ganze in eine Terrinenform füllen und im Kühlschrank mindestens 12 Stunden erkalten lassen.

Anrichten:

7. Am nächsten Tag die Terrine kurz in heißes Wasser stellen, anschließend stürzen und mit einem angewärmten Messer in 8 Scheiben (Tranchen) schneiden.
8. Die Tranchen von der rechten oberen Ecke der Platte leicht versetzt und überlappend in die linke untere Ecke legen.
9. Den Lammschinken eingeschlagen, links und rechts der Terrine im Halbkreis auflegen.

 **TIP**

Zu dieser Platte eine Schnittlauch-Joghurt-Sauce servieren.

GEMÜSEPLATTE MIT BASILIKUM-OLIVENÖL-VINAIGRETTE

Für 8 bis 10 Personen:

250 g Zuckerschoten

2 Zucchini

4 Karotten

3 Kohlrabi

1 Bund Radieschen

1 Bund Basilikum

100 ml Olivenöl

5 EL Sherryessig

Salz, Pfeffer

etwas krauser Blattsalat

Zeitangaben:
Zubereitung: 40 Minuten
Anrichten: 15 Minuten

TIP

Diese Gemüseplatte ist als Ergänzung zu allen Bratenplatten gut geeignet.

Zubereitung:

1. Die Zuckerschoten putzen, knackig blanchieren und trockentupfen.
2. Anschließend die Zucchini waschen, mit einem Buntmesser in Scheiben schneiden und ebenfalls knackig blanchieren.
3. Nun die Karotten schälen, ebenfalls mit einem Buntmesser in Scheiben schneiden und anschließend blanchieren.
4. Die Kohlrabi schälen, längs halbieren, in Scheiben schneiden und ebenfalls blanchieren.
5. Die Radieschen waschen, das Blattgrün abtrennen und die Radieschen in nicht zu dünne Scheiben schneiden.
6. Für die Vinaigrette das Basilikum waschen, von den Stengeln zupfen und die Blätter fein schneiden.
7. Olivenöl und Essig verrühren, mit Salz und Pfeffer würzen und das Basilikum dazugeben.

Anrichten:

8. Am besten eine Platte mit leicht erhöhtem Rand verwenden. Den Boden der Platte mit einem Teil der Marinade einstreichen.
9. Beginnend von außen nach innen immer einen Kreis eines Gemüses auflegen. Dabei auf die Farbkontraste achten.

10. Die Mitte der Platte mit krausem Blattsalat ausgarnieren.
11. Die restliche Marinade mit einem Pinsel gleichmäßig auf das Gemüse auftragen.

CHAMPIGNONSALAT

Für 8 Personen:

800 g Champignons

2 Schalotten

1 kleine Knoblauchzehe

5 EL Öl zum Braten

Saft von 2 Zitronen

1 Bund Schnittlauch

Salz, Pfeffer

Essig, Öl

Zeitangabe:
Zubereitung: 25 Minuten

Zubereitung:

1. Die Champignons putzen, waschen und vierteln.
2. Die Schalotten schälen und fein schneiden. Die Knoblauchzehe schälen und fein hacken.
3. Das Öl in einer großen Pfanne erhitzen und die Schalotten und den fein gehackten Knoblauch darin anschwitzen.
4. Die Champignons hinzufügen und mit dem Zitronensaft ablöschen. Leicht salzen. Die Pilze kurz dünsten und aus dem Fond nehmen.
5. Den Fond auf die Hälfte einkochen lassen und wieder zu den Champignons geben.
6. Den Schnittlauch waschen und fein schneiden. Zu den Champignons geben und den Salat mit Salz, Pfeffer, Essig und Öl marinieren.

GEMÜSESALAT

Für 8 Personen:

1 Sellerieknolle (300 g)

3 Karotten

1 Zucchino

1 rote Paprikaschote

1 grüne Paprikaschote

Salz, Pfeffer

Essig, Öl

1 Bund Petersilie

Zeitangabe:
Zubereitung: 25 Minuten

Zubereitung:

1. Den Sellerie waschen, schälen und in etwa 5 Millimeter große Würfel schneiden. Die Karotten schälen und ebenfalls würfeln.
2. Die Karotten- und Selleriewürfel in Salzwasser kurz blanchieren und abtropfen lassen.
3. Den Zucchino waschen, putzen und in Würfel schneiden. Die Paprikaschoten waschen, putzen, die Kerne entfernen und die Schoten ebenfalls würfeln.
4. Alle Zutaten in einer großen Schüssel mischen, mit Salz und Pfeffer sowie Essig und Öl marinieren. Den Gemüsesalat etwa 1 Stunde ziehen lassen.
5. Die Petersilie waschen, von den Stengeln zupfen und die Blätter fein hacken. Einen Teil unter den Salat mischen und den Rest beim Anrichten über den Salat streuen.

 TIP

Zum Anrichten eine Schüssel mit Salatblättern auslegen und den Gemüsesalat darauf anrichten.

WALDORFSALAT

Für 8 Personen:

Saft von 1 Zitrone

1 Sellerieknolle (350 g)

5 Äpfel (Granny Smith)

200 g Mayonnaise

125 g saure Sahne

100 g Sahne

Salz, Pfeffer, Zucker

zum Garnieren:

einige Walnußkerne und
Mandarinenfilets

Zeitangabe:
Zubereitung: 35 Minuten

Zubereitung:

1. Den Zitronensaft mit etwas Wasser vermischen.
2. Die Sellerieknolle waschen und schälen. Dann zuerst in dünne Scheiben und anschließend in etwa 3 Zentimeter lange Streifen schneiden.
3. Die Äpfel waschen, schälen und das Kerngehäuse entfernen. Anschließend die Äpfel zuerst in Scheiben und dann in Streifen schneiden.
4. Die Sellerie- und Apfelstreifen in dem vorbereiteten Zitronenwasser schwenken. Herausnehmen und abtropfen lassen.
5. Die Mayonnaise mit der sauren Sahne glatt rühren und die Apfel- und Selleriestreifen unterheben. Mit Salz, Pfeffer und Zucker abschmekken.
6. Die Sahne steif schlagen und unter den Waldorfsalat heben.
7. Den Salat in eine Glasschüssel geben und mit Walnußkernen und Mandarinenfilets garnieren.

KÄSE
BROT
& OBST

KÄSESALAT MIT SALAMI-UND SCHINKENSTREIFEN

Für 8 Personen:

500 g Emmentaler

200 g Schinken

100 g Salami

2 Karotten

2 hart gekochte Eier

1 Kopfsalat

Essig, Öl, Salz, Pfeffer

Zeitangaben:
Zubereitung: 25 Minuten
Marinieren: 2 Stunden
Anrichten: 5 Minuten

Zubereitung:

1. Die Karotten waschen, schälen, in Würfel schneiden und blanchieren.
2. Den Emmentaler in Streifen schneiden und auflockern.
3. Den gekochten Schinken und die Salami ebenfalls in Streifen schneiden.
4. Die Zutaten zusammen in eine Schüssel geben und mischen.
5. Den Salat mit Salz, Pfeffer, Essig und Öl etwa 2 Stunden marinieren und ziehen lassen.

Anrichten:

6. Den Kopfsalat gründlich putzen und waschen. Mit dem Blattsalat eine Schüssel auslegen und den Käsesalat darin anrichten.
7. Die hart gekochten Eier sechsteln und den Käsesalat damit garnieren.

SCHNITTLAUCHQUARK MIT DAMPFKARTOFFELN UND KIRSCHTOMATEN

Für 8 Personen:

2 Bund Schnittlauch

750 g Quark

100 g Sahne

Salz, Pfeffer

1 Kopfsalat zum Garnieren

200 g Kirschtomaten

1000 g kleine neue Kartoffeln

1 TL Kümmel

Zeitangabe:
Zubereitung: 35 Minuten

Zubereitung:

1. Den Schnittlauch waschen und fein schneiden.
2. Den Quark mit der Sahne mit einem Schneebesen glatt rühren. Dann den Schnittlauch dazugeben, mit Salz und Pfeffer würzen.
3. Den Kopfsalat putzen, waschen und eine Glasschüssel damit auslegen.
4. Den angemachten Quark in die Schüssel füllen, glatt streichen und mit einem gezahnten Teigschaber ein Muster einziehen.
5. Die Kirschtomaten vom Stielansatz befreien und waschen. Den Schüsselrand mit den Kirschtomaten ausgarnieren.
6. Nun die Kartoffeln in Salzwasser mit dem Kümmel etwa 20 Minuten kochen. Das Wasser abschütten und die Kartoffeln zur Hälfte schälen.
7. Die Kartoffeln in eine Schüssel geben und mit dem Schnittlauchquark servieren.

 TIP

Die Kartoffeln auf einem Rechaud warm stellen.

MOZZARELLAKÄSE
MIT TOMATEN UND BASILIKUM

Für 6 Personen:

4 Fleischtomaten

800 g Mozzarellakäse

1 Bund Basilikum

Salz, Pfeffer

2 EL Olivenöl

Zeitangaben:
Zubereitung: 5 Minuten
Anrichten: 15 Minuten

Zubereitung:

1. Die Fleischtomaten waschen, den Stielansatz entfernen und die Tomaten in Scheiben schneiden.
2. Den Mozzarellakäse ebenfalls in Scheiben schneiden.

Anrichten:

3. Abwechselnd eine Tomatenscheibe und eine Mozzarellascheibe fächerartig auf einer Platte anrichten.
4. Das Basilikum waschen, einige Blätter beiseite legen, den Rest klein schneiden und über den Käse streuen.
5. Kurz vor dem Servieren den Käse mit Salz und Pfeffer würzen und das Öl darüberträufeln. Mit dem restlichen Basilikum garnieren.

EINGELEGTER SCHAFSKÄSE MIT THYMIAN UND ROSMARIN

Für 8 Personen:

800 g Schafskäse

2 Knoblauchzehen

4 Schalotten

1 Zweig Thymian

1 Zweig Rosmarin

1 Lorbeerblatt

8 weiße Pfefferkörner

1/2 l Öl

1/4 l Olivenöl

1 Lollo rosso

1 Bund Schnittlauch

Zeitangaben:
4 Wochen zuvor einlegen
Zubereitung: 20 Minuten
Marinieren: 4 Wochen
Anrichten:
5 Minuten

Zubereitung:

1. Den Schafskäse in Scheiben schneiden und in eine Glasform legen.
2. Die Knoblauchzehen schälen und längs halbieren. Die Schalotten schälen und dritteln. Den Thymian und Rosmarin zwei bis dreimal durchbrechen.
3. Die Knoblauchzehen, die Schalotten, den Thymian, den Rosmarin und das Lorbeerblatt sowie die Pfefferkörner über den Käse streuen. Anschließend mit den beiden Ölsorten auffüllen.
4. Den Käse etwa 4 Wochen luftdicht verschlossen lagern.

Anrichten:

5. Den Lollo rosso putzen, waschen und damit den Rand einer Glasplatte auslegen. Die Käsescheiben darauf anrichten. Die Marinade mit den eingelegten Aromen mit einem Eßlöffel darübergießen.
6. Den Schnittlauch waschen, fein schneiden und über den Käse streuen.

ITALIENISCHE KÄSE MIT STAUDENSELLERIE

Für 6 Personen:

1 Staudensellerie

400 g blaue Trauben

200 g Gorgonzola am Stück

200 g Parmesankäse am Stück

200 g Provolone am Stück

200 g Robiola am Stück

Zeitangaben:
Zubereitung: 10 Minuten
Anrichten: 10 Minuten

 TIP

● Käse sollte bei Zimmertemperatur auf einem unlackierten Holzbrett serviert werden. Starke Temperaturunterschiede sollten vermieden werden.

● Ein rundes Holzbrett mit Drehscheibe ist besonders gut geeignet, weil man auf diese Weise den Käse auch gut abschneiden kann.

● Außer der Garnitur – zum Beispiel Trauben und Nüsse – zum Käse eine Brotauswahl und Butter servieren.

Zubereitung:

1. Den Staudensellerie am Strunk abschneiden und die Selleriestangen von den groben Fäden befreien. Die Blätter sauber abzupfen und die Stangen zusammen gründlich waschen.
2. Den so vorbereiteten Staudensellerie in einer Karaffe mit Wasser anrichten.
3. Die Trauben waschen und trockentupfen.

Anrichten:

4. In der rechten oberen Ecke der Platte mit dem Gorgonzola beginnen. Den Gorgonzola am Stück lassen.
5. Den Parmesankäse in der linken oberen Ecke der Platte anrichten. Zum Abschneiden des Parmesankäses ein spezielles Käsemesser oder ein Tafelmesser reichen.
6. Den Provolone und Robiola in Scheiben schneiden.
7. Den Provolone unterhalb des Gorgonzolakäses leicht überlappend, der Rundung des Käsebrettes folgend, auflegen.
8. Nun den Robiola unterhalb des Parmesankäses ebenso anrichten.

9. In die Mitte der Käseplatte die Karaffe mit dem Staudensellerie stellen und die Trauben davor anrichten.

FRANZÖSISCHE KÄSEAUSWAHL MIT TRAUBEN UND RADIESCHEN

Für 8 Personen:

2 Bund Radieschen

150 g Brie

150 g Camembert

150 g Schafskäse

150 g Ziegenkäse

200 g Reblochon

200 g Edelpilzkäse

600 g Trauben

Zeitangaben:
Zubereitung: 30 Minuten
Anrichten: 5 Minuten

 TIP

Weichkäsearten nicht aufschneiden, da sie zum Laufen neigen. Den Käse nicht zu kalt servieren, bei Zimmertemperatur kann er seinen Geschmack am besten entfalten. Zum Abschneiden ein Tafelmesser dazu legen.

Zubereitung:

1. Die Radieschen gründlich waschen, Blätter und Wurzeln entfernen. Mit einem Messer aus den Radieschen Rosen, Blüten, Knospen oder Margeriten schneiden. Anschließend die Radieschen etwa 30 Minuten in kaltes Wasser legen. Für Rosen die Radieschen rundherum mit 5 Schnitten einschneiden. Dabei jeweils 5 kleinere Blättchen dazwischenschneiden. Den Wurzelansatz kreisförmig abschneiden. Für Blüten die Radieschen im Abstand von etwa 3 mm von oben nach unten einschneiden.
Für Knospen die Radieschen 4mal längs und 6mal quer bis über die Mitte einschneiden.
Für Margeriten die Radieschen mit 12 Schnitten bis kurz vor dem Stielansatz einritzen. Die Blätter mit der Messerspitze von der weißen Innenseite abschälen, so daß die unteren Enden stehen bleiben.
Viel einfacher und schneller geht es natürlich, wenn Sie einen Radieschenschneider verwenden. Dann bekommen die Radieschen immer eine schöne gleichmäßige Form.

Anrichten:

2. Den Käse im Uhrzeigersinn auf ein rundes Holzbrett legen. Man beginnt bei der Eins mit dem mildesten Käse und legt die restlichen Käsesorten ihrem Geschmack entsprechend auf.

3. Die Trauben waschen und gut abtrocknen. In der Brettmitte die Radieschen und die Trauben anrichten. Eventuell mit Weinblättern garnieren.

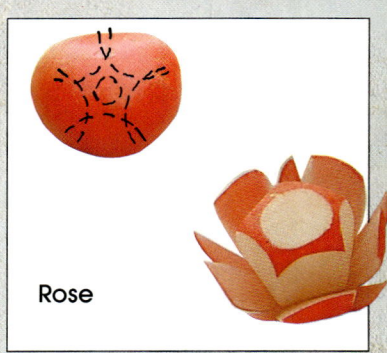

Rose

Margerite

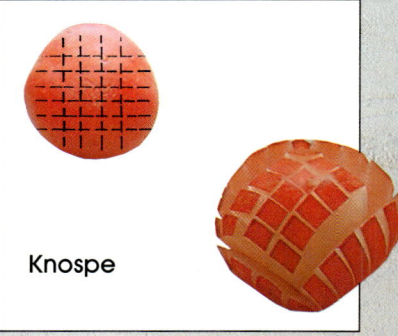

Knospe

Blüte

VERSCHIEDENE EDELPILZKÄSE MIT NÜSSEN

Für 6 Personen:

1 Staudensellerie

300 g Stilton

300 g Gorgonzola

300 g Roquefort

130 g Walnußkerne

40 ml Portwein

Zeitangaben:
Zubereitung: 10 Minuten
Anrichten: 10 Minuten

TIP

Man ißt den Stilton, indem man mit einem Löffel etwas Käse aus der Mitte herausschabt und an einem Stück Brot abstreicht. Der milde Geschmack des Portweins harmoniert sehr gut mit dem kräftigen Aroma des Stiltons.

Zubereitung:

1. Den Staudensellerie am Strunk abschneiden und die Selleriestangen von den großen Fäden befreien. Die geputzten Stangen gründlich reinigen und anschließend trockentupfen.
2. Den Stiltonkäse an der Oberseite mit einem Eßlöffel halbrund aushöhlen.

Anrichten:

3. Im rechten oberen Drittel der Platte den Gorgonzola, im linken oberen Drittel den Roquefort anrichten. Den Stilton im unteren Drittel auflegen.

4. Die Selleriestangen in der Mitte schräg halbieren und die Blätter abzupfen.
5. Den unteren Teil der Selleriestangen von der Mitte her auslaufend zum Rand anrichten.
6. Die Blätter des Staudenselleries in der Mitte auf die Stiele legen.
7. Die Walnußkerne in einer Glasschale zwischen Roquefort und Stilton auf die Käseplatte geben.
8. Den Portwein in den ausgehöhlten Stilton gießen.

TIPS

● Käse sollte nach Möglichkeit immer getrennt von anderen Lebensmitteln gelagert werden. Die einzelnen Käsesorten am besten in Pergamentpapier einwickeln.

● Beim Einkauf von Weichkäsen den Reifegrad an der Schnittstelle oder bei kleinen Sorten per Druckprobe prüfen. Die Käse sollten gleichmäßig durchgereift sein. Starker Ammoniakgeruch zeugt von Überlagerung.

● Auf einer Käseauswahl sollten immer ein Schimmelkäse, ein Weichkäse, ein halbfester Käse und etwas Schnittkäse vorhanden sein.

● Man richtet Käse in der Regel im Uhrzeigersinn auf einem Holzbrett an. Mit dem mildesten Käse beginnt man bei der Eins und legt die restlichen Käsesorten ihrem Geschmack entsprechend auf.

DEUTSCHE KÄSEPLATTE MIT SALZGEBÄCK

Für 8 Personen:

200 g Edamer, geschnitten

200 g Emmentaler, geschnitten

200 g Tilsiter, geschnitten

200 g Camembert

200 g Tortenbrie

200 g Bavaria blue

1 Packung Salzstangen

1 Bund Radieschen, wie auf Seite 144 beschrieben vorbereitet

einige Blätter Friséesalat

Zeitangabe:
Anrichten: 15 Minuten

Anrichten:

1. Den Schnittkäse auf der rechten Seite der Käseplatte halbrund anrichten. Außen mit dem Emmentaler beginnen und die Scheiben leicht überlappend auflegen.
2. Dann den Tilsiter und den Edamer ebenso auflegen.

3. Den Camembert in 8 gleich große Ecken schneiden und im Kreis mit der Spitze nach innen im linken unteren Teil des Käsebretts auflegen.
4. Den Tortenbrie mit der Spitze nach innen oberhalb des Camemberts anrichten.
5. Vom Bavaria blue 4 Scheiben abschneiden, den Rest am Stück lassen. Den Bavaria blue in der linken oberen Ecke anrichten und die 4 abgeschnittenen Scheiben leicht überlappend anlegen.

6. Die Salzstangen in der Mitte zum Schnittkäse hin streuend auflegen. Die Radieschen mit den Salatblättern unterhalb des Bavaria blue dekorieren.

BLÄTTERTEIGTASCHEN MIT KÄSECREME

Für 8 Personen:

500 g Blätterteig
(Fertigprodukt)

150 g Roquefort

200 g Butter

150 g Camembert

Salz, Pfeffer

1 TL Paprikapulver

1 EL gehackte Petersilie

2 Eigelb

etwas Mohn

etwas Sesam

etwas Kümmel

Zeitangaben:
Vorheizen des Backofens auf
220° C
Zubereitung: 40 Minuten
Ruhezeit: 45 Minuten
Anrichten: 5 Minuten

Zubereitung:

1. Den Blätterteig auftauen lassen.
2. Den Roquefort durch ein Haarsieb streichen und mit 100 g Butter glatt rühren.
3. Den Camembert ebenfalls durch das Sieb streichen und mit der restlichen Butter glatt rühren.
4. Die Camembertmasse halbieren, die eine Hälfte mit Salz, Pfeffer und Paprikapulver würzen. Die andere Hälfte mit der Petersilie, Salz und Pfeffer pikant abschmecken.
5. Die Roquefortcreme muß auf Grund des starken Eigengeschmacks nicht weiter gewürzt werden.
6. Den Blätterteig gleichmäßig etwa 5 Millimeter stark ausrollen.
7. Mit einem runden Ausstecher von 3 Zentimetern Durchmesser kleine Teigplatten ausstechen.
8. Die Eigelbe mit etwas Wasser verquirlen, die Teigplatten damit bepinseln und auf ein Backblech legen. Je ein Drittel mit Mohn, Sesam und Kümmel bestreuen.
9. Die Blätterteigplatten etwa 45 Minuten ruhen lassen. Es ist wichtig, diese Ruhezeit einzuhalten, da das Gebäck sonst beim Backen ungleichmäßig aufgeht.
10. Den Blätterteig bei 220° C im Ofen etwa 5 Minuten backen.
11. Nach dem Backen erkalten lassen und die Kissen jetzt in der Mitte quer halbieren.
12. Die vorbereiteten Käsecremes mit einer Spritztülle in je eine Kissenhälfte spritzen und die Deckel wieder aufsetzen.

Anrichten:

13. Die Käsehappen in Reihen auf einer Platte anordnen.

TIP

Aus den Blätterteigresten können Sie Käsestangen herstellen. Dafür die Teigreste übereinanderlegen, leicht zusammendrücken (nicht kneten) und erneut ausrollen. Den Teig in etwa 1 Zentimeter breite Streifen schneiden und diese mit Paprika und geriebenem Käse bestreuen. Die Streifen gegeneinanderdrehen und auf ein Backblech legen. Wie die Blätterteigkissen backen. Die Käsestangen nach dem Abkühlen in etwa 5 Zentimeter lange Stücke schneiden.

KÄSEGEBÄCK

Zubereitung:

1. Die Butter schaumig rühren und den geriebenen Käse unterziehen.
2. Das Mehl und das Backpulver unterrühren und nach und nach die Sahne dazugeben. Mit Salz und Pfeffer würzen.
3. Den Teig etwa 2 Stunden gut kühl stellen.
4. Nun den Teig etwa 5 Millimeter dünn ausrollen und verschiedene Formen ausstechen oder ausschneiden.
5. Den restlichen Teig zusammenkneten und kalt stellen.
6. Die Eigelbe mit etwas Wasser verquirlen und die ausgestochenen Plätzchen damit bepinseln. Anschließend mit Kümmel, Mohn, Sesam und grobem Salz bestreuen.
7. Die Plätzchen auf ein Backblech setzen und bei 230° C im Ofen etwa 5 Minuten ausbacken. Anschließend herausnehmen und abkühlen lassen.
8. Den restlichen Teig zu einer Rolle von etwa 4 Zentimetern Durchmesser formen und 5 Millimeter dicke Scheiben abschneiden. Die runden Plätzchen ebenfalls 5 Minuten backen.

Anrichten:

9. Eine Platte mit einer Papiermanschette auslegen und das Käsegebäck darauf anordnen.

Für 8 Personen:

200 g Butter

200 g geriebener Käse

375 g Mehl

1 TL Backpulver

100 g Sahne

Salz, Pfeffer

2 Eigelb

Kümmel, Mohn und Sesam zum Bestreuen

Zeitangaben:
Vorheizen des Backofens auf 230° C
Zubereitung: 30 Minuten
Ruhezeit: 2 Stunden
Anrichten: 5 Minuten

ITALIENISCHES FLADENBROT MIT OLIVENÖL

Für 8 bis 10 Personen:

70 g Hefe

etwa 300 ml Wasser

1000 g Weizenmehl

1 EL Salz

5 EL Olivenöl

Zeitangaben:
Vorheizen des Backofens auf
250° C
Zubereitung: 40 Minuten
Ruhezeit: 4 Stunden

Zubereitung:

1. Die Hefe in 100 Milliliter lauwarmem Wasser auflösen und mit etwas Mehl zu einem Vorteig verarbeiten.
2. Den Vorteig an einem warmen Ort etwa 10 Minuten gehen lassen.
3. Nun den Vorteig auf einer bemehlten Arbeitsfläche leicht flachklopfen und das restliche Mehl, das Wasser und das Salz dazugeben. Alles gut durchkneten.
4. Den Teig des öfteren auf den Tisch schlagen und etwa 4 Stunden gehen lassen.
5. Den Teig etwa 1 Zentimeter dick ausrollen und auf ein mit Salz und Öl bestrichenes Backblech legen.
6. Mit dem Finger im Abstand von 5 Zentimetern Vertiefungen in die Teigplatte drücken. Die Oberfläche mit etwas Olivenöl beträufeln und mit Salz leicht bestreuen.
7. Das Brot bei 250° C etwa 35 Minuten leicht braun backen. Bei zu starker Oberhitze mit Alufolie abdecken.

BROTKORB MIT GRAU-, VOLLKORN- UND WEISSBROT

Für 8 bis 10 Personen:

2 Stangenweißbrote

1 kleines Vollkornbrot

1 Brötchenrad oder eine Partysonne

1 kleines Graubrot

8 Mohnhörnchen

Zeitangabe:
Anrichten: 10 Minuten

 TIP

Die Partysonne einige Tage zuvor beim Bäcker bestellen.

Anrichten:

1. Ein Stangenweißbrot schräg in 4 Stücke, das andere in Scheiben schneiden.
2. Das Vollkornbrot und das Graubrot ebenfalls aufschneiden.
3. Einen Brotkorb mit einer Serviette auslegen. Als erstes das Brötchenrad oder die Partysonne in den Korb legen und die Weißbrotstücke schräg hineinstellen.
4. Die Grau-, Vollkorn- und Weißbrotscheiben fächerartig anordnen.
5. Mit den Mohnhörnchen den verbliebenen Raum ausfüllen.

BROTKORB
VON STANGENBROTSORTEN UND LAUGENGEBÄCK

Anrichten:

1. Einen flachen Brotkorb mit einer kleinen Tischdecke oder einer Serviette auslegen.
2. Die Stangenbrotsorten in der Mitte schräg halbieren und je eine Hälfte mit der Schnittfläche nach außen in den Brotkorb legen.
3. Die restlichen Hälften in Scheiben schneiden.
4. Die Brotscheiben in 4 Reihen halbkreisförmig, dem Rand des Brotkorbs folgend, anrichten. Außen mit dem Roggenbrot beginnen. Anschließend das Weißbrot und dann das Nußbrot auflegen.
5. Auf der linken Seite die Laugenbrezeln und auf der rechten Seite die Laugenbrötchen anrichten.

Für 8 Personen:

1 Stangenweißbrot

1 Stangennußbrot

1 Stangenroggenbrot

8 kleine Laugenbrezeln

8 kleine Laugenbrötchen

Zeitangabe:
Anrichten: 10 Minuten

 TIP

Die kleinen Laugenbrötchen und -brezeln einige Tage zuvor beim Bäcker bestellen.

EXOTISCHE OBSTPLATTE MIT MARASCHINO

Für 8 Personen:

150 g Zucker

150 ml Wasser

Saft von 2 Zitronen

40 ml Maraschino

1 Mango

2 Orangen

3 Kiwi

4 Feigen

1 Papaya

2 Bananen

Zeitangaben:
Zubereitung: 30 Minuten
Anrichten: 15 Minuten

So schneidet man die Orangenfilets

Zubereitung:

1. Den Zucker mit Wasser einmal aufkochen, abkühlen lassen. Den Zitronensaft und den Maraschino dazugeben.
2. Die Obstsorten vorbereiten. Die Mangofrucht schälen und in Spalten vom Stein schneiden.
3. Die Orangen schälen, filetieren und den anfallenden Saft in die Zuckerlösung geben.
4. Die Kiwis schälen und in Scheiben schneiden.
5. Die Feigen an der Unterseite gerade abschneiden. Anschließend das Fruchtfleisch vorsichtig mit einem Teelöffel im Ganzen herauslösen. Das Fruchtfleisch in der Mitte längs halbieren.
6. Die Papayafrucht halbieren, die Kerne mit einem Löffel entfernen, beide Hälften in Spalten schneiden und die Schale entfernen.
7. Die Banane schälen und in leicht schräge Scheiben schneiden.

Anrichten:

8. Die vorbereiteten Obstsorten jetzt fächerförmig in Segmenten auf der Platte anrichten. Dabei mit den Mangospalten beginnen, dann die Kiwischeiben, die Orangenfilets, die Papayaspalten und die Bananenscheiben auflegen. Die halbierten Feigen in die Mitte legen.

9. Den Sirup mit einem Pinsel auftragen.

Die Feigen werden mit
einem Teelöffel im
Ganzen ausgelöst

GEFÜLLTE BIRNEN MIT MOUSSE VON DUNKLER SCHOKOLADE

Für 8 Personen:

Saft von 2 Zitronen

50 g Zucker

100 ml Weißwein

200 ml Wasser

4 Birnen

Mousse:

4 Eigelb

1 TL Puderzucker

20 ml Kirschwasser

1 TL Kaffeepulver
(wasserlöslich)

3 EL Wasser

175 g halbbittere Schokolade

125 g Butter

4 Eiweiß

etwas Salz

zum Garnieren:

Orangenfilets, Cocktailkirschen
oder kleine Eiswaffeln

Zeitangaben:
Zubereitung: 20 Minuten
(ohne Auskühlen)
Anrichten: 10 Minuten

 TIP

Anstatt der Birnen können Sie
auch andere Früchte und
Crémes verwenden.

Zubereitung:

1. Zitronensaft, Zucker, Weißwein und Wasser in einen Topf geben und aufkochen lassen.
2. Die Birnen waschen und so in der Mitte durchschneiden, daß auch der Stiel halbiert wird.
3. Mit einem Kugelausstecher die Kerngehäuse entfernen.
4. Die Birnenhälften in den heißen Sud legen, einmal aufkochen und darin erkalten lassen.
5. Nun die Mousse zubereiten. Dafür die Eigelbe und den Puderzucker mit einem Schneebesen schaumig rühren.
6. Das Kirschwasser hinzufügen und die Masse im heißen Wasserbad etwa 10 Minuten heiß und schaumig schlagen. Anschließend kaltschlagen.
7. Das Kaffeepulver in heißem Wasser auflösen und anschließend darin die Schokolade schmelzen.
8. Die Butter schaumig rühren und die aufgelöste Schokolade mit dem Kaffee dazugeben.
9. Die Buttermasse unter den kalten Eigelbschaum rühren.
10. Die Eiweiße mit etwas Salz steif schlagen.
11. Von der Eiweißmasse etwa ein Achtel abnehmen und unter die Schokoladen-Ei-Masse rühren, diese anschließend unter das restliche Eiweiß heben.
12. Das Mousse in eine Schüssel füllen und etwa 5 Stunden kalt stellen.

Anrichten:

13. Die Birnenhälften trockentupfen und auf der Schaleseite gerade schneiden, damit sie besser stehen.
14. Das Mousse in einen Spritzbeutel mit Sterntülle füllen und auf die Birnenhälften spritzen.
15. Die Birnenhälften mit Orangenfilets, Cocktailkirschen oder Waffeln garnieren und auf einer runden Platte mit der Stielseite nach innen anrichten.

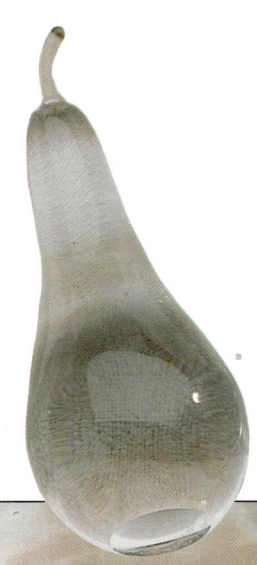

OBSTSALAT IN DER ANANAS

Für 8 Personen:

4 kleine Ananas

4 Orangen

2 Äpfel

2 Birnen

2 Bananen

200g blaue Trauben

Saft von 1 Zitrone

40 ml Maraschino

etwas Zucker

Zeitangaben:
Zubereitung: 15 Minuten
Obst 1 Stunde ziehen lassen
Anrichten: 10 Minuten

Zubereitung:

1. Mit einer Schere die Blätter der Ananas spitz zuschneiden.
2. Die Ananas längs halbieren, etwa 1 Zentimeter vom Schalenrand rundherum einschneiden und das Fruchtfleisch entnehmen.
3. Die Schalenhüllen am Strunk bis zur Mitte hin schräg so abschneiden, daß die Ananas leicht schräg steht.
4. Das ausgelöste Fruchtfleisch in etwa 1 Zentimeter dicke Scheiben schneiden und mit einem Apfelausstecher den holzigen Teil entfernen. Die Ananasscheiben zum Garnieren zurücklegen.
5. Die Orangen schälen, filetieren und den anfallenden Saft mit dem Zitronensaft verrühren.
6. Einige Orangenfilets zum Garnieren zurücklegen. Die restlichen Orangenfilets in den Saft geben.
7. Äpfel und Birnen waschen, schälen, das Kerngehäuse entfernen, in Würfel schneiden und zu den Orangenfilets mit dem Saft geben.
8. Die Banane schälen, in Scheiben schneiden und vorsichtig unter den Salat mischen.
9. Die Trauben waschen, längs halbieren und die Kerne entfernen. Die Trauben zum Obstsalat geben.
10. Den Obstsalat mit Zucker und Maraschino abschmekken und etwa 1 Stunde ziehen lassen.

Anrichten:

11. Aus dem Obstsalat einige schöne Bananenscheiben und Trauben für die Garnitur aussuchen und extra legen.
12. Den restlichen Obstsalat in die Ananasschalen füllen.
13. Auf der linken Seite der Ananashälften die Ananasscheiben halb übereinander auflegen.
14. Auf der rechten Seite die Orangenfilets auflegen.
15. In der Mitte die Bananenscheiben anrichten und mit den halbierten Trauben garnieren.
16. Die gefüllten Ananasschalen auf einer Platte in 2 Reihen zu je 4 Stück leicht schräg anrichten.

MANGOS UND KIWIS
IN DER PAPAYA

Für 8 Personen:

300 ml Wasser

100 g Zucker

25 g Vollmilchkuvertüre

25 g Zartbitterkuvertüre

25 g Kakaopulver

eventuell etwas Rum

4 Papayas

2 Mangos

6 Kiwis

Saft von 1 Zitrone

20 ml Maraschino

etwas Zucker

etwas Wasser

Zeitangaben:
Zubereitung: 15 Minuten
Anrichten: 15 Minuten

 TIP

Zu den Papayas eine Sauce aus passiertem Erdbeer- oder Himbeermark extra servieren oder die Sauce als Spiegel auf die Teller gießen.

Zubereitung:

1. Das Wasser mit dem Zucker aufkochen lassen und die Kuvertüre darin vorsichtig auflösen.
2. Dann das Kakaopulver hinzufügen und das Ganze einmal aufkochen lassen. Dann abkühlen lassen und während des Erkaltens mehrmals umrühren. Die Schokoladensauce nach Geschmack mit etwas Rum aromatisieren.
3. Die Papayas längs halbieren und die Kerne entfernen. Die Hälften schälen und gegenüber der Schnittfläche gerade schneiden, damit sie einen besseren Stand haben.
4. Das Fruchtfleisch der Mangos längs mit der Schale in Spalten vom Stein schneiden. Von den Spalten die Schale entfernen.
5. Die Kiwis schälen und quer in gleich dicke Scheiben schneiden.
6. Den Zitronensaft, den Maraschino, den Zucker und etwas Wasser verrühren.

Anrichten:

7. Die Mangospalten auf der linken Seite halb übereinander leicht schräg in die Papayas legen.
8. Auf der rechten Seite die Kiwischeiben auflegen. Die Früchte mit der Marinade beträufeln.
9. Auf 8 Dessertteller mit der Schokoladensauce einen Spiegel angießen und die gefüllten Papayas darauf anrichten.
10. Die Teller auf einer großen Silberplatte anordnen und servieren.

SAUCEN & ASPIK

SAUCEN

Mayonnaise

Für 8 Personen:

4 Eigelb

2 TL Senf

1 TL Zitronensaft

1 TL Gurkensaft

1/4 l Öl

Salz, Pfeffer

Zeitangabe:
Zubereitung: 10 Minuten

Zubereitung:

1. Alle Zutaten sollten Zimmertemperatur haben. Die Eigelbe, den Senf, den Zitronen- und Gurkensaft mit einem Schneebesen verrühren.
2. Nun die Masse schlagen, bis sie angedickt ist, und tropfenweise das Öl dazugeben.
3. Wenn über die Hälfte des Öls eingerührt ist, kann der Rest schneller dazugegeben werden.
4. Die Mayonnaise mit Salz und Pfeffer würzen.
Mayonnaise dient in der kalten Küche als Grundsauce und sollte deshalb nicht zu stark gewürzt sein. Sollte die Mayonnaise zu dick werden, kann sie mit einigen Tropfen Wasser oder einem Spritzer Essig verdünnt werden. Sollte sie gerinnen, ein Eigelb mit etwas Wasser verrühren und dann die geronnene Mayonnaise wieder unterrühren.

Salatmayonnaise

Für 6 Canapés:

etwa 10 Blätter geputzter Kopfsalat

2 EL Mayonnaise

1 TL saure Sahne

Salz, Pfeffer

Zeitangabe:
Zubereitung: 10 Minuten

Zubereitung:

1. Den Kopfsalat in feine Streifen schneiden.
2. Die Mayonnaise mit der sauren Sahne glatt rühren und mit Salz und Pfeffer würzen.
3. Die Salatstreifen daruntergeben. Diese Salatmayonnaise wird für Canapés (siehe Seite 48 ff.) benötigt.

Grüne Sauce

Für 8 Personen:

100 g frischer Blattspinat

1 Bund Petersilie

1 Bund Schnittlauch

250 g Mayonnaise

Salz, Pfeffer

Zeitangabe:
Zubereitung: 30 Minuten

Zubereitung:

1. Den Spinat putzen, waschen und blanchieren.
2. Die Petersilie waschen, die Blättchen von den Stengeln zupfen und fein hacken.
3. Den Schnittlauch waschen und fein schneiden.
4. Die Petersilie und den Spinat mit etwas Wasser im Mixer oder mit dem Pürierstab zu einem Pürree verarbeiten.
5. Das Pürree und den Schnittlauch unter die Mayonnaise rühren.
6. Die Sauce mit Salz und Pfeffer etwas nachwürzen.

Grüne Kräutersauce

Für 8 Personen:

1 Beutel Grüne-Sauce-Kräuter (Borretsch, Kerbel, Liebstöckel, Petersilie, Pimpernell, Schnittlauch, Sauerampfer, Dill)

2 hart gekochte Eier

100 g Mayonnaise

125 g saure Sahne

Salz, Pfeffer

eventuell etwas Senf

Zeitangabe:
Zubereitung: 20 Minuten

Zubereitung:

1. Die Kräuter gründlich putzen und waschen, anschließend fein hacken.
2. Die hart gekochten Eier halbieren und Eiweiß und Eigelb getrennt in kleine Würfel schneiden.
3. Die Mayonnaise und die saure Sahne glatt rühren, die vorbereiteten Kräuter und die Eier dazugeben.
4. Mit Salz, Pfeffer und eventuell etwas Senf nachwürzen.

Remouladensauce

Für 8 Personen:

1 Zwiebel

2 kleine Gewürzgurken

1 TL Kapern

2 Sardellenfilets

250 g Mayonnaise

1 EL Senf

1 EL gehackte Petersilie

Salz, Pfeffer

Zeitangabe:
Zubereitung: 20 Minuten

Zubereitung:

1. Die Zwiebel schälen und fein hacken. Die Gewürzgurken in sehr feine Würfel schneiden. Die Kapern und die Sardellenfilets fein hacken.
2. Die Mayonnaise mit dem Senf glatt rühren.
3. Die vorbereiteten Zutaten sowie die Petersilie dazugeben und die Sauce eventuell mit Salz und Pfeffer nachwürzen.
Wenn Sie die Sauce schon 1 oder 2 Tage zuvor zubereiten, sollten Sie auf die Zwiebel verzichten. Der Geschmack wird sonst zu intensiv.

Kresse-Senf-Sauce

Für 8 Personen:

50 g Kresse

125 g Mayonnaise

100 g Senf

50 g Sahne

etwas Zucker

Salz, Pfeffer

Zeitangabe:
Zubereitung: 15 Minuten

Zubereitung:

1. Die Kresse waschen und fein hacken. Wird Brunnenkresse verwendet, die Kresse waschen, die Blätter von den Stengeln zupfen und fein hacken.
2. Mayonnaise, Senf und Sahne glatt rühren, die gehackte Kresse dazugeben und unterrühren.
3. Mit etwas Zucker, Salz und Pfeffer abschmecken.

Senf-Dill-Sauce

Für 8 Personen:

1 Bund Dill

250 g mittelscharfer Senf

100 g Mayonnaise

100 g Zucker

Saft von 1 Zitrone

Salz, Pfeffer

Zeitangabe:
Zubereitung: 15 Minuten

Zubereitung:

1. Den Dill waschen, die groben Stiele entfernen und den Dill fein schneiden.
2. Den Senf mit der Mayonnaise und dem Zucker glatt rühren, eventuell etwas Wasser dazugeben.
3. Den geschnittenen Dill und den Zitronensaft unterrühren. Mit Salz und Pfeffer vorsichtig würzen.

Cocktailsauce

Für 8 Personen:

250 g Mayonnaise

Saft von 2 Orangen

Saft von 2 Zitronen

2 EL Tomatenketchup

1 EL Tomatenmark

1 EL Meerrettich

40 ml Cognac

Salz, Cayennepfeffer

Zeitangabe:
Zubereitung: 20 Minuten

Zubereitung:

1. Die Mayonnaise mit dem Orangen- und dem Zitronensaft glatt rühren.
2. Den Tomatenketchup und das Tomatenmark dazugeben und alles gut verrühren.
3. Den Meerrettich hinzufügen und unterrühren.
4. Die Sauce mit Cognac, Salz und Cayennepfeffer pikant abschmecken.

Tiroler Sauce

Für 8 Personen:

2 Tomaten

250 g Mayonnaise

2 EL Tomatenmark

eventuell etwas Sahne oder Milch

2 EL gehackte Petersilie

Salz, Pfeffer

Zeitangabe:
Zubereitung: 20 Minuten

Zubereitung:

1. Die Tomaten waschen, den Stielansatz entfernen und die Früchte blanchieren. Die Haut abziehen, die Tomaten halbieren und das Kerngehäuse entfernen.
2. Die Tomaten in 5 Millimeter große Würfel schneiden.
3. Die Mayonnaise mit dem Tomatenmark glatt rühren, eventuell mit Sahne oder Milch verdünnen.
4. Die Tomatenwürfel und die gehackte Petersilie unterrühren und mit Salz und Pfeffer abschmecken.

Schnittlauch-Joghurt-Sauce

Für 8 Personen:

2 Bund Schnittlauch

250 g Joghurt

2 EL Sahne

Saft von 1 Zitrone

Salz, Pfeffer

Zeitangabe:
Zubereitung: 10 Minuten

Zubereitung:

1. Den Schnittlauch waschen und fein schneiden.
2. Den Joghurt mit der Sahne glatt rühren.
3. Den Schnittlauch dazugeben und die Sauce mit Zitronensaft, Salz und Pfeffer würzen.

Auf dieser Basis kann man auch eine Kerbel-Joghurt-Sauce herstellen, indem man den Schnittlauch durch Kerbel ersetzt. Man kann die Schnittlauchsauce auch einfach mit gehacktem Kerbel ergänzen.

Schnittlauchquark

Für 8 Personen:

1 Bund Schnittlauch

200 g Quark

etwas Sahne

Salz, Pfeffer

Zeitangabe:
Zubereitung: 10 Minuten

Zubereitung:

1. Den Schnittlauch waschen und fein schneiden.
2. Den Quark mit der Sahne glatt rühren.
3. Den geschnittenen Schnittlauch unterrühren, mit Salz und Pfeffer würzen.

Kerbelsahne

Für 8 Personen:

2 Bund Kerbel

250 g Crème fraîche

200 g Sahne

Salz, Pfeffer

Saft von 1 Zitrone

Zeitangabe:
Zubereitung: 15 Minuten

Zubereitung:

1. Den Kerbel waschen, die Blätter von den Stengeln zupfen und die Blätter fein hacken.
2. Die Crème fraîche mit der Sahne glatt rühren.
3. Den gehackten Kerbel unterrühren und die Kerbelsahne mit Salz, Pfeffer und dem Zitronensaft abschmecken.

Bei Saucen auf Joghurt- oder Crème-fraîche-Basis kann man den Geschmack noch durch einen Hauch Knoblauch unterstreichen.

Kressepüree

Für 8 Personen:

300 g Brunnenkresse

150 g saure Sahne

1 Knoblauchzehe, fein gehackt

Salz, Pfeffer

Zeitangabe:
Zubereitung: 15 Minuten

Zubereitung:

1. Die Brunnenkresse waschen und die Blätter von den Stengeln zupfen.
2. Die Kresseblättchen mit etwas Wasser im Mixer oder mit dem Pürierstab pürieren.
3. Das Kressepüree mit der sauren Sahne verrühren und mit fein gehacktem Knoblauch, Salz und Pfeffer pikant abschmecken.

Von der Brunnenkresse einige Blätter zurücklassen und damit die Sauce beziehungsweise das Gericht garnieren.

Ei-Kräuter-Tunke

Für 8 Personen:

2 Gewürzgurken

1 Zwiebel, 1 Tomate

2 hart gekochte Eier

4 EL Essig, 1/8 l Öl

1 EL gehackte Petersilie

1 EL Schnittlauch, geschnitten

Salz, Pfeffer

Zeitangabe:
Zubereitung: 20 Minuten

Zubereitung:

1. Die Gewürzgurke in kleine Würfel schneiden. Die Zwiebel schälen und fein würfeln.
2. Die Tomate waschen, blanchieren und die Haut abziehen. Die Früchte halbieren, entkernen und in kleine Würfel schneiden.
3. Die hart gekochten Eier halbieren und Eigelb sowie Eiweiß getrennt in kleine Würfel schneiden.
4. Essig und Öl verrühren und nacheinander alle Zutaten bis auf die Eier dazugeben.
5. Mit Salz und Pfeffer abschmecken. Erst kurz vor dem Servieren die Eier dazugeben.

Sahnemeerrettich

Für 8 Personen:

2 Blatt Gelatine

1 Stange Meerrettich

125 g Sahne

Saft von 1 Zitrone

Salz, Pfeffer

etwas Zucker

Zeitangabe:
Zubereitung: 20 Minuten

Zubereitung:

1. Die Gelatine in kaltem Wasser einweichen. Anschließend ausdrücken und langsam erwärmen, bis sich die Gelatine aufgelöst hat.
2. Die Meerrettichstange waschen und schälen. Anschließend ganz fein reiben oder durch die mittlere Scheibe des Fleischwolfes drehen.
3. Die Sahne steif schlagen und den geriebenen Meerrettich unterziehen.
4. Mit Zitronensaft, Salz und Pfeffer sowie etwas Zucker abschmecken.
5. Die aufgelöste Blattgelatine rasch unterrühren.

Preiselbeermeerrettich erhalten Sie, indem Sie den Sahnemeerrettich mit einem Eßlöffel Preiselbeeren verrühren.

Orangensauce

Für 8 Personen:

4 unbehandelte Orangen

1/4 l frisch gepreßter Orangensaft

2 EL Speisestärke

40 ml Weißwein

5 g geriebener Ingwer

Zeitangabe:
Zubereitung: 20 Minuten

Zubereitung:

1. Die Orangen waschen und mit einem Juliennereißer die Schale in feinen Streifen abziehen.
2. Die Orangenschale in etwas Orangensaft weich kochen.
3. Die Speisestärke mit dem Weißwein glatt rühren.
4. Den Orangensaft aufkochen lassen, mit der angerührten Speisestärke binden und erkalten lassen.
5. Die Orangen halbieren, filetieren und den dabei austretenden Saft zusammen mit den Filets und den weichgekochten Schalen in die Sauce geben.
6. Nun mit fein geriebenem Ingwer würzen.

Cumberlandsauce (oder Preiselbeersauce)

Für 8 Personen:

100 g Preiselbeermarmelade

100 g Johannisbeergelee

100 ml Rotwein

1 unbehandelte Orange

1 unbehandelte Zitrone

Cayennepfeffer

5 g englischer Senf

etwas Meerrettich

Zeitangabe:
Zubereitung: 20 Minuten

Zubereitung:

1. Die Orange und Zitrone sauber waschen. Mit einem Juliennereißer die Schale in feinen Streifen abschälen.
2. Die Schalen in der Hälfte des Rotweins und etwas Wasser weichkochen.
3. Den englischen Senf mit dem restlichen Rotwein glatt rühren und einmal aufkochen.
4. Die Preiselbeermarmelade und das Johannisbeergelee durch ein Haarsieb streichen (passieren).
5. Die Orange und Zitrone halbieren, auspressen, den Saft durch ein Haarsieb geben und damit das Gelee glatt rühren.
6. Die Orangen- und Zitronenschale sowie den englischen Senf dazugeben und alles gut verrühren.
7. Zum Schluß mit Cayennepfeffer und Meerrettich pikant abschmecken.

Geflügelsauce für die Schinkentorte

Fond für etwa 1 Liter:

400 g Geflügelknochen

100 g Kalbsknochen

1 TL Salz

100 g gemischtes, geputztes Gemüse (Lauch, Sellerie, Karotten)

1,5 l Wasser

etwas Petersilie

Sauce:

50 g Butter

60 g Mehl

100 g Sahne

etwas Weißwein

Salz, Pfeffer

Zeitangabe:
Zubereitung: 3 Stunden

Zubereitung:

1. Die Geflügel- und Kalbsknochen in kochendem Wasser etwa 2 Minuten blanchieren.
2. Das Wasser abgießen und die Knochen kalt abspülen.
3. Die Knochen mit 1,5 Liter kaltem Wasser ansetzen und zum Kochen bringen.
4. Während des Kochens den sich absetzenden Schaum ständig entfernen.
5. Nun das Salz dazugeben und kurz vor Ende der Garzeit (etwa 2 Stunden) das Gemüse beigeben.
6. Den Fond über die Petersilie durch ein Tuch passieren und abkühlen lassen.
7. Wenn der Fond erkaltet ist, das Fett an der Oberfläche abnehmen. Diesen Fond können Sie auch portionsweise einfrieren und bei Bedarf weiterverarbeiten.
8. Nun mit dem Fond die Sauce zubereiten. Die Butter in einem Topf erhitzen, aufschäumen lassen und das Mehl mit einem Schneebesen einrühren.
9. Mit dem erkalteten Geflügelfond auffüllen. Aufkochen lassen und unter ständigem Rühren etwa 20 Minuten kochen.
10. Mit Sahne und Weißwein verfeinern und mit Salz und Pfeffer würzen.
11. Die Sauce während des Erkaltens des öfteren umrühren, damit sich keine Haut bildet.

ASPIK

Aspik zum Ausgießen von Platten

1 l Wasser

50 g Aspikpulver

Zeitangabe:
Zubereitung: 10 Minuten

Zubereitung:

1. Das Wasser zum Kochen bringen.
2. Das Aspikpulver laut Herstellerangaben einweichen und in das kochende Wasser geben.
3. Den Aspik so lange kochen, bis er klar ist. Anschließend durch ein Tuch passieren und erkalten lassen.

TIP

Beim Ausgießen von Silberplatten das Aspik ziemlich heiß verarbeiten.

Fischaspik

Für etwa 1 Liter:

500 g Gräten, Fischköpfe und -flossen

1 Zwiebel

1 Stange Lauch

1 Karotte

etwas Sellerie

2 EL Öl

1 Bouquet garni

5 gestoßene Pfefferkörner

Salz

100 g Zanderfilet

3 Eiweiß

100 ml Weißwein

12 Blatt Gelatine

Zeitangabe:
Zubereitung: 60 Minuten

Zubereitung:

1. Die Fischabfälle säubern, das heißt Kiemen und Eingeweide entfernen.
2. Anschließend klein hacken und gründlich unter fließendem Wasser waschen, trockentupfen.
3. Das Gemüse putzen und in Scheiben schneiden.
4. Das Öl in einem hohen Topf erhitzen.
5. Die Fischabfälle und das Gemüse kurz anschwitzen und mit etwa 1,5 Liter kaltem Wasser auffüllen.
6. Zum Kochen bringen und das sich an der Oberfläche absetzende Eiweiß abschäumen.
7. Das Bouquet garni und die Pfefferkörner sowie etwas Salz dazugeben.
8. Den Fond etwa 20 Minuten leicht köcheln lassen.
9. Durch ein Tuch passieren und abkühlen lassen.
10. Das Fett an der Oberfläche vorsichtig entfernen.
11. Nun wird der Fond geklärt, damit das Aspik später schön transparent wird. Dafür das Zanderfilet fein hacken und mit den Eiweißen vermengen. Mit dem Schneebesen leicht anschlagen und in einen hohen Topf geben.
12. Den kalten Fischfond auf das Fleisch gießen und unter ständigem Rühren zum Kochen bringen.
13. Wenn das Eiweiß gerinnt, nicht mehr rühren und den Fond etwa 15 Minuten ziehen lassen.
14. Dann durch ein Tuch passieren und den Weißwein dazugeben. Die eingeweichte Gelatine hinzufügen und das Aspik zum Weiterverarbeiten abkühlen lassen.

Fleischaspik

Für etwa 1 ½ Liter:

250 g Kalbsknochen

250 g Rinderknochen

1 TL Salz, 1 Zwiebel

100 g gemischtes, geputztes Gemüse

etwas Petersilie

150 g Rindfleisch, 3 Eiweiß

40 ml Madeira

12 Blatt Gelatine

Salz, Pfeffer

Zeitangabe:
Zubereitung: 3 Stunden

Zubereitung:

1. Die Kalbs- und Rinderknochen in kochendem Wasser kurz blanchieren.
2. Wasser abgießen und die Knochen kalt abspülen.
3. Die Knochen in 2 Litern kaltem Wasser ansetzen und zum Kochen bringen, regelmäßig abschäumen.
4. Die Zwiebel schälen, halbieren und mit der Schnittfläche in einer heißen, trockenen Pfanne anbräunen.
5. Das Gemüse und die angebräunte Zwiebel in die Brühe geben und etwa 2 Stunden kochen lassen.
6. Die Brühe über die Petersilie durch ein Tuch passieren und kalt stellen. Das Fett auf der Oberfläche entfernen.
7. Nun wird die Brühe geklärt. Dafür das Fleisch fein hacken und mit den Eiweißen vermengen. Mit einem Schneebesen kurz anschlagen und dann in einen hohen Topf geben. Die kalte Brühe daruntermischen und unter ständigem Rühren zum Kochen bringen.
8. Sobald das Klärfleisch nach oben steigt, nicht mehr rühren und die Brühe noch etwa 15 Minuten ziehen lassen.
9. Durch ein Tuch passieren, den Madeira zufügen und die eingeweichte Blattgelatine dazugeben.
10. Eventuell mit Salz und Pfeffer nachwürzen und zum Weiterverarbeiten abkühlen.

Verarbeitung von Blattgelatine

1. Die Blattgelatine muß vor dem Weiterverarbeiten grundsätzlich in kaltem Wasser eingeweicht werden.
2. Die Gelatine immer blattweise in das Wasser legen.
3. Nach dem Einweichen gut ausdrücken. Wird sie in warme Saucen oder Flüssigkeiten gegeben, kann sie nach dem Ausdrücken direkt verwendet werden.
4. Wird die Gelatine für Salate oder kalte Saucen zum Binden verwendet, muß sie unter Zufuhr von Wärme aufgelöst werden. Sie muß dann sehr schnell weiterverarbeitet werden, damit es keine Klumpen gibt.

REZEPTVERZEICHNIS

Appetithappen
Artischockenböden mit
  Gemüse 57
Blätterteigpastetchen mit
  Roquefortcreme 54
Crustaden mit Kirschtomaten
  und Felchenkaviar 56
Gefüllter Champignonkopf
  mit grünem Spargel und
  Trüffel 56
Lachsmedaillons mit
  Garnelen 54
Lachstatar auf Pumpernickel
  mit Wachtelei und Kerbel 55
Roastbeefröllchen mit
  Tomaten und Eiern 57
Schweinefilet mit Lebermus
  und Nüssen 55

Aspik
Aspik zum Ausgießen der
  Platten 174
Fischaspik 175
Fleischaspik 175

Brot
Brotkorb von Grau-, Vollkorn-
  und Weißbrot 154
Brotkorb von Stangenbrot-
  sorten und
  Laugengebäck 156
Italienisches Fladenbrot mit
  Olivenöl 154

Canapés
Angemachter Camembert
  mit Trauben 51
Entenbrust mit Orangenfilets
  und Pistazien 50
Garnelen mit Wachteleiern 49
Parmaschinken mit grünem
  Spargel 48
Räucherlachs mit Lachskaviar 48
Roastbeef mit Maiskölbchen
  und Gürkchen 50
Tatar von Matjes mit Äpfeln 49
Tomaten mit
  Schnittlauchquark 51

Fisch
Edle Räucherfischplatte,
  Garnelen und Avocados,
  Sahnemeerrettich und
  Dill-Senf-Sauce 62
Gebeizter Fjordlachs mit
  Blattsalat und Salat von
  Garnelen 30
Gefüllte Lachsfilets mit
  Garnelen und Räucheraal 66
Gefüllter Steinbutt mit
  Lachsfarce 72

Gefüllter Zander mit Salat von
  Gemüsen im Artischocken-
  boden 70
Herstellung von hausgebeiz-
  tem Lachs 64
Mosaik von Lachs, Räucheraal
  und Gemüsen im Lattich-
  mantel, mit Joghurt-Kerbel-
  Sauce 34
Rustikale Fischplatte mit
  verschiedenen Meer-
  rettichsaucen 60
Tatar von Salm in Räucher-
  lachshülle mit Kresse-Senf-
  Sauce 31
Zanderterrine mit marinierten
  Zuckerschoten 32

Geflügel
Gebratene Ente mit
  Mangospalten 108
Geflügelleberparfait mit
  grünem Pfeffer 121
Knackige Blattsalate mit
  gebratener Entenbrust
  und grünem Pfeffer 37
Poulardengelantine mit
  geräucherter Truthahnbrust
  und glaciertem Lauch 104

Gemüse
Champignonsalat 132
Gemüseplatte mit Basilikum-
  Olivenöl-Vinaigrette 130
Gemüseroyal mit Schnitt-
  lauchquark und geräucher-
  tem Schweinerücken 42
Gemüsesalat 133
Grüner und weißer Spargel mit
  Schwarzwälder Schinken 126
Terrine von Pifferlingen mit
  geräuchertem Lamm-
  schinken 128
Waldorfsalat 134
Zucchini-Tomaten-Kuchen
  mit Kressepüree 45

Hummer
Hummer mit grünem und
  weißem Spargel 77

Kalbfleisch
Kalbsbriesterrine mit
  Kerbelsauce 122
Kalbskarré und
  Kalbsmedaillons mit
  Gemüseterrine 110
Kalbsleberparfait mit
  Friséesalat 120
Lombardische Delice 90

Medaillons von Kalb-, Rind-,
  Schwein- und Hirschfilet 112
Vitello tonnato (Kalbfleischscheiben mit Thunfisch-
  sauce) 91

Kaninchen
Sülze von Kaninchen,
  Karotten, grünen Bohnen
  mit Champignonsalat 38

Käse
Blätterteigtaschen mit
  Käsecreme 150
Deutsche Käseplatte mit
  Salzgebäck 148
Eingelegter Schafskäse mit
  Thymian und Rosmarin 141
Französische Käseauswahl mit
  Trauben und Radieschen 144
Italienischer Käse mit
  Staudensellerie 142
Käsegebäck 152
Käsesalat mit Salami- und
  Schinkenstreifen 138
Mozzarellakäse mit Tomaten
  und Basilikum 140
Schnittlauchquark mit
  Dampfkartoffeln 139
Verschiedene Edelpilzkäse
  mit Nüssen 146

Obst
Exotische Obstplatte mit
  Maraschino 158
Gefüllte Birnen mit Mousse
  von dunkler Schokolade 160
Mangos und Kiwis in der
  Papaya 164
Obstsalat in der Ananas 162

Rindfleisch
Carpaccio von gebeizter
  Ochsenlende mit grünen
  Spargelspitzen 44
Gepökelte Rinderbrust mit
  Grüner Sauce 85
Medaillons von Kalb-, Rind-,
  Schwein- und Hirschfilet 112
Roastbeefplatte mit gefüllten
  Eiern und Babyfenchel 102

Saucen
Cocktailsauce 170
Cumberlandsauce
  (oder Preiselbeersauce) 173
Ei-Kräuter-Tunke 172
Geflügelsauce für die
  Schinkentorte 174
Grüne Kräutersauce 169
Grüne Sauce 168
Kerbelsahne 171

Kresse-Senf-Sauce 169
Kressepüree 172
Mayonnaise 168
Orangensauce 173
Remouladensauce 169
Sahnemeerrettich 172
Salatmayonnaise 168
Schnittlauch-Joghurt-Sauce 171
Schnittlauchquark 171
Senf-Dill-Sauce 170
Tiroler Sauce 170

Schinken
Grüner und weißer Spargel mit
  Schwarzwälder Schinken 126
Italienische Schinken- und
  Wurstspezialitäten mit
  gefüllten Zucchini 92
Parmaschinken mit süß-sauer
  eingelegtem Gemüse 40
Roher und gekochter Schinken
  mit verschiedenen
  Melonen 98
Schinkentorte von gekochtem
  Schinken mit gefüllten
  Zucchini 100

Schweinefleisch
Medaillons von Kalb-, Rind-,
  Schwein- und Hirschfilet 112
Schweinerücken mit Back-
  pflaumen und Kasseler
  Rippenspeer 94

Wild
Medaillons von Kalb-, Rind-,
  Schwein- und Hirschfilet 112
Rehfilet im Kräutermantel mit
  gedünstetem
  Herbstgemüse 118
Rehrücken mit frischen Feigen
  und gefüllten Birnen 116
Rehschinken mit
  Hasenpastete 114

Wurst und Aufschnitt
Bratenplatte mit gefüllten
  Essiggurken 96
Deftige Rauchwurst mit feinen
  Gürkchen und Radieschen 82
Italienische Schinken- und
  Wurstspezialitäten mit
  gefüllten Zucchini 92
Roter und weißer
  Schwartenmagen mit
  Kräutervinaigrette 84
Rustikale Aufschnittplatte ohne
  Schweinefleischprodukte 88
Wurstaufschnitt mit gefüllter
  Gurke 86

Im FALKEN Verlag sind zahlreiche hervorragende Kochbücher zu den verschiedensten Themen und in unterschiedlichen Ausstattungen erschienen. Fragen Sie Ihren Buchhändler.
Der Verlag dankt der Firma WMF für die freundliche Unterstützung.

CIP-Titelaufnahme der Deutschen Bibliothek

Grotz, Peter:
Mit Lust und Liebe: kalte Platten & Buffets, Anrichten und Garnieren / Peter Grotz. – Niedernhausen/Ts.: FALKEN, 1989
(FALKEN Bücherei)
ISBN 3-8068-4427-5

ISBN 3 8068 4427 5

© 1989 by Falken-Verlag GmbH, 6272 Niedernhausen/Ts.
Titelbild: TLC-Foto-Studio GmbH, Bocholt
Fotografie und Fotostyling: Studio T.E., M. Tessmann und A. F. Endress, Frankfurt am Main; alle quadratischen Schritt-für-Schritt-Fotos in den schmalen Spalten TLC-Foto-Studio, Bocholt
Grafische Gestaltung: Bayerl, Ost & Rebmann, Agentur für Werbung und Öffentlichkeitsarbeit, Frankfurt am Main
Satz: TypoBach Rhein-Main GmbH, Wiesbaden
Druck: Karl Neef GmbH & Co., Wittingen

817 2635 4453 6271